となりの家のざんね
んなお金の話

理财陷阱

[日] 横山光昭 著

叶君武 译

民主与建设出版社
·北京·

© 民主与建设出版社，2020

图书在版编目（CIP）数据

理财陷阱 /（日）横山光昭著；叶君武译 . -- 北京：
民主与建设出版社，2020.10
书名原文：となりの家のざんねんなお金の話
ISBN 978-7-5139-3247-9

Ⅰ . ①理… Ⅱ . ①横… ②叶… Ⅲ . ①财务管理－通
俗读物 Ⅳ . ① F275-49

中国版本图书馆 CIP 数据核字 (2020) 第 196922 号

Tonari no Uchi no Zannen na Okane no Hanashi
by Mitsuaki Yokoyama
Illustration by Genichiro Hagiwara（256）
Copyright © Mitsuaki Yokoyama 2019
Original Japanese language edition published by ASA PUBLISHING CO.,LTD.
Simplified Chinese translation rights arranged with ASA PUBLISHING CO.,LTD.through Lanka Creative
Partners co., Ltd. and Rightol Media Limited
Simplified Chinese translation copyright ©2020 by BEIJING BAMBOO STONE CULTURE
COMMUNICATION CO.,LTD.
All rights reserved.
本书简体中文版由北京竹石文化传播有限公司出版
版权登记号：01-2020-6733

理财陷阱
LICAI XIANJING

著　　者	[日]横山光昭	
译　　者	叶君武	
责任编辑	吴优优	
封面设计	焱　玖	
出版发行	民主与建设出版社有限责任公司	
电　　话	（010）59417747　59419778	
社　　址	北京市海淀区西三环中路 10 号望海楼 E 座 7 层	
邮　　编	100142	
印　　刷	唐山富达印务有限公司	
版　　次	2021 年 1 月第 1 版	
印　　次	2021 年 1 月第 1 次印刷	
开　　本	880mm×1230mm　1/32	
印　　张	6.5	
字　　数	110 千字	
书　　号	ISBN 978-7-5139-3247-9	
定　　价	42.00 元	

注：如有印、装质量问题，请与出版社联系。

大家好。我是横山光昭。

我给自己拟的职业头衔是"家计再生顾问"，我使用这个头衔已有18年。

作为理财规划师，我成立事务所快20年了。在此期间，来我的事务所咨询的人数超过了15,000人。

一般来说，对于理财规划师，业务的中心应该是提出关于资产运用和投资的建议。

但我的情况有所不同，我把帮助前来咨询的家庭进行家计再生作为我的业务重心。

因此，来找我的客户大部分是那些经济生活陷入困境的家庭。

他们会咨询什么方面的问题呢？在这里稍微向大家介绍一下。

因为轻信别人的话，导致负债累累

在现在这个时代，购物既可以用现金支付，又可以使用信用卡或电子支付。信用卡和电子支付会导致许多人提前消费。

那么怎样才能存钱呢？

一位男士来到我的事务所，告诉我说："存钱真的很难。"

当然，像他这种寅吃卯粮的花钱方式，是不可能存下钱的。这个月还上个月借的债和利息，下个月又还这个月的债和利息……这就是所谓的恶性循环，陷入了无法摆脱的债务地狱。

我问他："你为什么会陷入这种困境呢？"他的回答有些出乎意料。

他说："我认识的一位人寿保险公司的业务员告诉我说，我是个存不住钱的人，所以可以购买美元计价保险，用来强制存钱。我问他什么是美元计价保险。虽然他向我解释了，但说实话我不太理解。由于他跟我的关系不错，所以我还是和他签约了。然后从那时起，雪崩般的生活就开始了。"

这位男士本来的消费方式就是寅吃卯粮，先刷信用卡，下月发了工资再还。他本人也知道这样很不好，所以听信了那位业务员的话，购买强制存钱的保险，用来省钱。

他的保费是30,000日元，他觉得自己可以做到，因此签了合约。但是现在他发现自己付不出保费。

"我很后悔，这不是我想要的生活。"他说，"我不但没存下钱，相反还让债务增加了。"

听了这个故事，许多读者可能会认为这位男士实在是不怎么样，如果是自己的话，一定不会陷入这样的困境。

但是事实上，因各种原因陷入财务困境的人还真不少，有可能你自己或者你身边的人也会如此。

比如像下面这样的：

"我朋友买股票赚了钱，然后我按照他的建议也买了一样的股票。"一位30多岁的妇女说。

"现在正是住房抵押贷款利率低的时候，于是我急急忙忙地买了房。"一位40多岁的男子说。

"一位证券公司的经理给我推荐了一种最好的金融产品。我要为退休做准备，所以买了它。"一位60多岁的老年人说。

以上这些都是我的客户。他们来向我咨询，都是因为家庭财务陷入了困境，跟那位购买强制存钱保险的男士没有什么区别。

把家庭开支全部交给妻子管理的丈夫

有这样一个家庭。

"我妻子将家庭预算做得很好,所以……"一位44岁的男性职员,把家庭开支全部交给了35岁的妻子进行管理。

他的妻子看起来似乎很可靠,把家中打理得很舒适,每个月都过得很轻松,并且为家庭成员购买的各种保险都使用年付的方式缴费。因为年付有折扣,很划算,还能省掉麻烦。

这些费用是用每月的薪水支付的。此外,丈夫还有不少年终奖。

他说:"年终奖可以在旅游、购物的时候自由支配,我以为这样会比较好。"结果,年终奖在旅游购物的时候花光了,一分也没剩下。

这时,女儿要进私立幼儿园了。

妻子粗略地计算了一下入园的费用,然后发现家里的余钱不够。

于是她着急地和丈夫商量。

可是在这之前,丈夫连存折也不看,只是对妻子说:

"你做得很好。"

"我会赚更多的钱给你存起来。"

妻子也总是说："我会存钱的。"可是却并没有实行有效的存储计划。到了必须支付大额开销时，却发现存款不够，只好问丈夫开口要钱。

"我妻子太过分了！"在我的事务所，这位丈夫非常愤怒。

但他的妻子却这样说：

"我丈夫总是表扬我。变成现在这样子，我认为是我的努力还不够。"

像这样由妻子独自一个人管理家庭财政，然后瞒着丈夫偷偷消费的情况并不少见。

这样的家庭，要帮助他们进行家计再生可真不容易。

怎么才能让钱变多

如上述这些案例一样，本书中的所有材料都来源于向我咨询家庭财务问题的客户。

我们将通过花钱习惯、资金计划、投资理财这三个方面来介绍让钱变多的方法。

书中收录了21个案例，都是一些财务状况十分糟糕的家庭，并分析是什么原因导致这种状况，以及提出重新振作的对策。

为了让大家更容易理解，我把实际的案例做了少许修改，但问题的本质没有改变：

"不管我怎么努力，我都存不下足够的钱。"

为什么会这样？

如果你不想遇到同样的挫折，或者说如果你已经遇到挫折，但是想重新振作起来，请从本书中各种各样的案例中找到答案。

只要能让读者有所收获，作为作者，没有比这更高兴的事了。

无论是储蓄还是使用已有资产进行投资，如果没有一个好的家庭开支计划，都是无法顺利进行的。

让我们把自己想象成书中的主人公来让自己拥有更多的金钱吧。

希望你以这样的心态来读这本书，看到最后你会觉得很快乐。

那我们马上开始吧。

家计再生顾问　横山光昭

目录
CONTENTS

第一章　不良的金钱习惯

CASE 1

年终奖？过完年就没有了 // 002

CASE 2

大量使用电子支付导致存款锐减 // 007

CASE 3

因为虚荣攀比而换新手机会带来大损失 // 011

CASE 4

即使年收入超过1,000万日元也存不住钱 // 018

CASE 5

不能让下属请客的上司 // 026

CASE 6

热爱自我投资的丈夫和妻子的抱怨 // 032

CASE 7

退休后发现养老金不够养家 // 038

CASE 8

过付金还清后为什么还要再次借款 // 044

APPENDIX

丈夫零花钱的平均金额是39,836日元 // 050

第二章　糟糕的资金计划

CASE 9

被免费保险咨询所迷惑，数次更换保险 // 056

CASE 10

想通过保险来进行储蓄？不太可能 // 061

CASE 11

如果不合理规划大额保险金，生活可能就会陷入窘境 // 067

APPENDIX
三分之二的人都把保险金给花光了 // 078

CASE 12
不想让自己的子女以后吃苦，于是在教育的费用上疯狂破费 // 081

CASE 13
替子女还助学贷款，养老的钱可能就没有了 // 087

CASE 14
泡沫经济时期住房贷款的潜在危机 // 093

CASE 15
买房时，与首付贷有关的圈套 // 100

CASE 16
没有深思贷款形式，而让自己无限后悔 // 107

CASE 17
自由职业者的个人所得税和社保滞纳的误区 // 114

第三章　令人困扰的投资生活

CASE 18

想要存更多的养老金，结果陷入投资的大坑　// 122

CASE 19

憧憬亿万富翁，沉迷虚拟货币，结果存款耗尽　// 129

CASE 20

害怕受到损失而从来不投资　// 135

CASE 21

为老年生活积攒过度，生活因此陷入困难　// 141

APPENDIX

从储蓄投资到虚拟货币，再到股票，损失不断加大　// 147

第四章　改善经济条件的十二个步骤

STEP 1

首先将支出分为消费、浪费、投资三类 // 152

STEP 2

评估自家的支出方法，然后写在家庭记账本中 // 155

STEP 3

储蓄投资额应该占手头收入的六分之一 // 158

STEP 4

减少支出时，先从固定费开始 // 161

STEP 5

只买最需要的保险 // 164

STEP 6

居住费要控制在收入的四分之一 // 167

STEP 7

非现金支付要灵活使用 // 170

STEP 8

投资时要具备三个口袋 // 173

STEP 9

投资还是要找信托投资 // 176

STEP 10

投资要慢慢进行 // 179

STEP 11

运用指数型基金，进行分散投资 // 182

STEP 12

投资时不要搞错了咨询对象 // 185

结语 // 188

第一章

不良的金钱习惯

CASE 1

年终奖？过完年就没有了

想不起来钱花在什么地方的年末和年初

每年的年末和年初都是支出大幅度增加的时间。

尤其是公司职员，在薪水和奖金到手后，很多人会因为旅游、购物、新年送礼等原因，不知不觉就超支了。

实际上，在关于新年的家庭财务咨询中，人们常常讨论的话题是：好像根本没有用年终奖买什么东西，但是等意识到的时候就已经花完了。

人物：公司职员田中先生，42岁，男性。

烦恼：奖金一眨眼就没有了。

情况：我和太太，以及上中学一年级的孩子一起生活。在5年前，我们买了梦寐以求的房子。

这几年来，每年的年终奖几乎都在新年刚过就花光了，也许是把奖金的一部分用来付房贷的原因吧。

可是，在我们的计划中，就算付房贷，也应该能剩下20万日元左右。

我却怎么想也想不起来到底都花在哪里了。

如果只是年终奖用完了也就算了，但是存折上的存款也在持续减少，这到底是怎么回事呢？

原因并不是过度使用，而是家庭收支赤字

对于这些年终奖快速消失的家庭，大多数情况下，他们的问题并不是因为奖金花得太多，而是每个月的家庭收支都处于赤字状态。

田中先生的年终奖用途

🏠	用奖金支付部分房贷	10万日元
📖	孩子的补习费用（寒假讲习班）	8万日元
💳	还信用卡的购物款	7万日元
📑	每月的赤字补贴（存款预支付）	约25万日元
	合　计	约50万日元

年终奖插上翅膀飞走啦！

为什么每月的收支状态会影响到奖金呢？

比如，你每月的开支情况是这样的：10万日元用于支付住房贷款，8万日元用于支付汽车贷款，3万日元用来还信用卡，再加上一些日常消费，你的工资就用完了，有时还不得不动用以前的存款。

等到年终的时候，你就只能用奖金弥补到目前为止累积的赤字。

你的家庭财务状况已经窘迫到了这个地步，如果还不重新考虑收支预算，不把支出控制在每个月的收入范围之内，你就无法改善生活。

使用奖金来弥补每月的财务赤字，是不会有任何改善的。

田中先生一家人把这一年中的收支情况都写下来，果然每个月都有赤字。

在支付了住房贷款、孩子的补习费、偿还信用卡后，剩下的年终奖全部用于弥补家庭财务赤字，于是它就插上翅膀全都飞走了。

把年终奖作为家庭财务管理的晴雨表！

为了改善这种状况，学会怎样花钱是很重要的。

田中先生全家人齐心协力，把一年的收支情况记录下来，每个人都检查自己花了多少钱，有没有浪费。

然后他们举行了家庭会议，讨论应该如何减少浪费。

为了改善现状，他们全家人努力想出了这样一些对策：

把不用的智能手机廉价售出。

生活费以一周为单位来进行预算并控制。

这样的努力虽然微小，但还是有可能节省出来少许生活费的。

此时，奖金将成为生活费的补贴。可以说，奖金是衡量家庭经济良好度的晴雨表。

如果奖金在不知不觉中消失，就应该警惕家庭开支是否已经出现赤字。

如果家计宽裕，那么关于奖金的使用方法可以根据将来的计划进行合理预算。

比如，你计划在三年后换车，孩子在两年后要升学，你在退休前还想再存100万日元……

那么这个时候，你就必须考虑如何优化储蓄，有计划地把奖金存起来。

奖金是对你努力工作的奖励，如果不知不觉就花光了，那么你的努力就白费了。所以请珍惜使用，不要浪费。

家庭理财陷阱

如果把奖金也纳入正常的家庭开支，很容易在没有意识到的情况下，家庭财务就出现赤字了。一定要注意！

CASE 2
大量使用电子支付导致存款锐减

无现金支付的陷阱

近年来，使用移动智能手机进行电子支付的应用越来越多。

在日本，移动支付是从2018年开始的，通信软件LINE 率先推出智能支付业务LINE Pay，并以此增加用户。同年12月，雅虎以百亿日元大赠送的营销方式，声势浩大地推出智能支付软件PayPay。

自此，无现金支付元年开始了。

然后，有人想趁着这种无现金化的浪潮，过上自己想要的生活，结果反而在浪潮中翻船，导致本来就不多的存款急剧减少。

人物：山口先生，公司职员，37岁，男性。

烦恼：不知道到底花了多少钱。

情况：我是单身，一个人生活。为了有效地利用有限的收入，我非常积极地使用了可以返现的移动支付。

一开始，我喜欢用LINE Pay，它能返现支付金额的2%。累积到一定积分还能用来兑换东西。

之后，PayPay狂撒100亿日元，返现20%，我立刻开始使用。

我买了全自动吸尘器、面包机，还有电饭锅，花掉20多万日元。除了购买电器，在便利店进行小额消费也能使用。总的返现金额上限达到25万日元。

我持续着这样的生活，在各种场所用移动支付进行消费。

到了年末，我想给父母送点礼物，于是去银行取钱。

我发现，存折上的余额跟我想象中相差很远。

奖金都在里面，每个月的工资也应该有剩余，可是余额比我预计的竟然要少50万日元。

为什么会这样呢？

我明明是想通过积分和返现来过上优惠的生活的……

不必要的购物返现

虽然以上几家公司用返现的方式来刺激购物，为推广移动支付提供各种服务。但是，日本的移动支付使用率还是比其他国家要低。

在中国，移动支付使用率已达到了80%左右，而日本只有20%左右。

日本政府正在努力提高全国的无现金化，以期待2027年前无现金比例支付能够达到40%。

但是现在的这种推广方式实在有待商榷。

比如积分兑换和返现，你觉得这是在占便宜，不占这个便宜简直就是浪费。结果，为了积分和返现，你买了很多根本就没必要买的东西。

山口先生也想获得积分和返现，于是买了很多计划外的物品。他的吸尘器、面包机和电饭锅，在买回来之后都没怎么用过。

为了返现而去购物，其实是更大的浪费。

更加令人丧气的是，他在整个购物的过程中，并不知道自己究竟花掉了多少钱。

他的移动支付App绑定了一个银行账户。

如果账户上没有钱了，那就买不了东西了。他这样想，然后不停地往这个账户上充钱。

于是理所当然的，他的存款就在不知不觉中越来越少。

在这个无现金支付作为主导的消费时代，你必须牢牢掌握自己支出的金额。

你可以使用本子记账，也可以采用一些有记账功能的App，把每日支出状况记下来。

以后无现金支付的利用率只会越来越高，千万不要再轻易被各种广告活动操纵，请冷静地观察，好好地管理你的钱包吧。

📢 家庭理财陷阱

无现金支付虽然很先进、很方便，但是不利于直观地掌握财务支出，甚至一不小心就会产生很多不必要的支出。请利用手机上的记账类App好好管理吧。

CASE 3
因为虚荣攀比而换新手机会带来大损失

通信费已成为家庭重荷

这几年在家庭经济咨询的现场注意到，包含话费、网费，以及购买新的智能手机在内的通信费，占家庭开支的比例很大，使得家庭经济压力增大。

当然，这种情况仅限热衷于频繁更换新款智能手机以及运营商收费偏高的家庭。

人物：太田先生，38岁，男性。

烦恼：每个月的家庭收支都出现赤字，到底是什么原因呢？

情况：太田先生家里一共四口人，他和夫人，还有两个上中学的孩子。他带着妻子一起来咨询，是因为每个月的家庭开支都超过了预算。

接着他开始列出每个月的详细支出。然后我发现通信费用占比太高了。

那是肯定的，四个人全部使用新型智能手机，有的人手里还不止一部，加上每月要付给运营商昂贵的月租费，算下来平均每月通信费用支出达到了36,000日元。

我向太田先生一家提议节省通信费用的开支，不用贵的手机，节省月租费用，也不用那么多流量，或更换运营商等。

但是，太田先生似乎对我的提议不太感兴趣。

为什么呢？

现在这个智能时代，每人至少拥有一部手机。拥有两部或两部以上手机的人也不在少数。

事实上，好用的廉价智能手机一直都有，但是像太田先生这样不愿意使用廉价手机的人不在少数。

常常会听到这样的理由：

> 如果在商务场合拿出廉价手机使用，会觉得很没面子。
>
> 廉价手机的质量都不太可靠，数据连接和语音通话都很差。
>
> 我的合约机如果更换的话会产生解约金吧，这也太浪费了。
>
> 去运营商那里咨询的话，可能会被拒绝。

这些所谓的理由都是毫无依据的东西。

会做出这种回答的人往往是这样的：穿着笔挺的西服，表面看起来十分气派，但实际上是个保守的工薪族。

我认为廉价的智能手机应该更适合他们。

作为改善家计的手段，如果向专业的家庭主妇推荐便宜又好用的智能手机，她们是会感兴趣的。有的主妇会马上行动起来询问手机店。

然后在使用几个月后，你就会发现，使用区别并没有那么大。和昂贵的月租费比起来，廉价手机也不是不能接受。就算产生了解约金，也能很快从月租费中省出来。

当你从家庭赤字中摆脱出来后，就会感叹："早点儿这样做就好了。"

聪明人都在收集信息并进行交换

当然，并不是每个人都适合更换。

如果你在工作中频繁使用手机，或者电话业务很多，那么最好与运营商保持现有合约。

但是，可以说在大多数情况下，手机的功能已经超过使用者的实际需求，月租费更是常常用不完。所以，廉价智能手机和廉价的月租费，其实已经能满足很多人的需求。

太田一家四口人如果都使用廉价智能手机，同时降低月租费用，那么每月支出将会降至13,000日元，这样每月就能节省23,000日元。省下来的钱将有助于减少家庭赤字，积攒下来的话，甚至可以用于投资。

我们计算一下，假设在未来的30年里你的家庭每月在通信费用上都能省下23,000日元，那么在30年后，省下的钱总计将达到828万日元。

如果每年都把省下来的这些钱通过信托投资基金进行储蓄，并以3%的年利率进行管理，则30年的投资利润约为512万日元，最终你将可以获得约1,340万日元的资产。

看看这些数字吧，你还想频繁更换昂贵的新型智能手机，支付昂贵的月租费用吗？

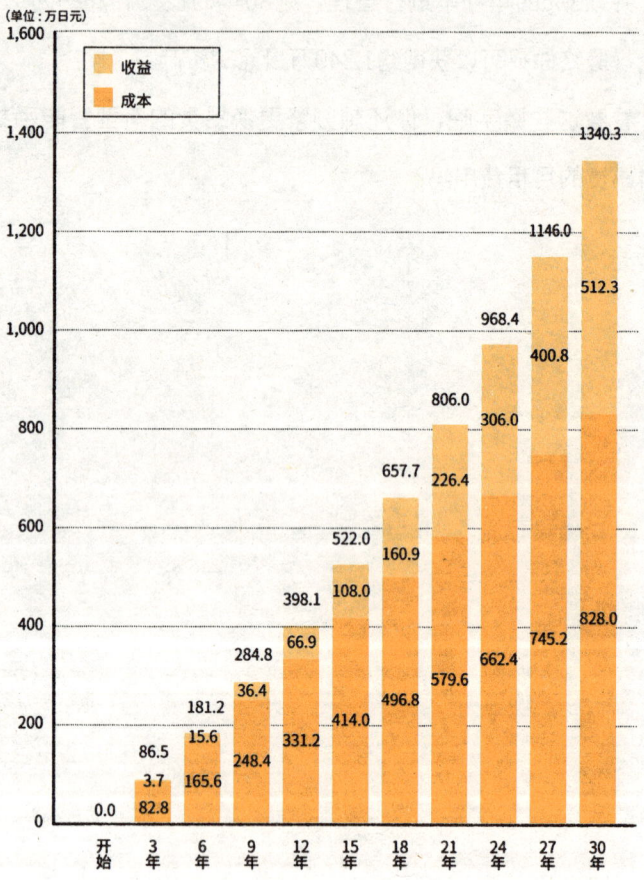

每月存23,000日元
以3%的年利率经营30年
储备金额和经营成果

（单位：万日元）

更换智能手机只是一个典型的例子，并不是只有这些。

改善家计需要巧妙地掌握生活的智慧和有利的信息。有些为家庭赤字所苦恼的人，只是被习惯束缚难以改变。

📢 **家庭理财陷阱**

你是否因为无聊的虚荣心而找一些无谓的理由来进行消费？有必要的话，请把你的这个理由告诉别人，听听别人的意见。

CASE 4
即使年收入超过 1,000 万日元也存不住钱

什么是"代谢综合征家庭"

有些家庭即使年收入超过1,000万日元，也无法进行有效储蓄。

初听到这个消息，有很多人会感到惊讶。但实际上，这种例子一点儿也不少见。在我这里进行家计咨询的家庭，甚至有年收入超过2,000万日元或3,000万日元的高收入者。

对于普通人来说确实有些难以置信，因为日本的平均年薪约为420万日元。1,000万日元以上的收入已经很高了。

那么为什么年收入那么高却存不下钱呢？有不少高收入者

有这样的问题。

　　人物：铃木先生，45岁，男性。

　　烦恼：家庭年收入超过1,000万日元也存不下钱，到底是什么原因呢？

　　情况：铃木先生经营着一家小型建筑公司，月收入大约为70万日元。

　　43岁的妻子也在工作，每月收入14万日元。夫妻二人合计月收入84万日元，年收入超过1,000万日元。

　　他们有两个孩子，分别上初中一年级和小学五年级。

　　从他们的收入和家庭成员的状况来看，按道理每年应该能存下不少钱。

　　但是情况并非如此。

　　他们来进行家计咨询时，我们做了一下统计：住房贷款22万日元，教育费15万日元，伙食费13万日元，还有全家人的零花钱10万日元。综上所述，每个月都有60万日元的固定支出。

　　然后，剩下的24万日元也全都用完了。这个家庭就是一个"月光"家庭，每月的收入都能用得干干净净。

听到这样的支出金额，很容易想象出他们一家过着多么奢侈的生活——想花多少就花多少，而不是只进行必要的消费，这就是所谓"代谢综合征家庭"。

像这样随心所欲地花钱，即使收入再高也不可能存下钱。

伙食费和教育费容易膨胀

代谢综合征家庭的支出有以下几种倾向。

特别容易膨胀的是伙食费和教育费。

对于食物，有不少人存在一种信念，或者可以说是迷信，就是吃高级食物能让身体更健康。

他们对于食材十分讲究，喜欢吃用高级饲料喂养的优质牛肉，比如和牛[①]。

像这类的高级食材，有些在附近的超市里面没有出售，那就驱车去远处的高端市场购买，或者付出不菲的运费等待送货上门。

[①] 译者注：日本和牛是当今世界公认的品质最优秀的良种肉牛，其肉大理石花纹明显，又称"雪花肉"。由于日本和牛的肉多汁细嫩、风味独特，肌肉脂肪中饱和脂肪酸含量很低、营养价值极高，因而在日本被视为"国宝"，在西欧市场也极其昂贵。

　　像这样的家庭如果外出就餐的话，必然会选择食材和烹饪方法都很讲究的高级餐厅。

　　在吃上面这么奢侈，那么伙食费自然就很高。

　　此外，教育费的开支也没有限制。现在的补习班、兴趣班各种各样，名目繁多，如英语班、舞蹈班、游泳班等。如果什么补习班、兴趣班都想上的话，能花掉很多钱。

　　诚然，父母希望孩子成材的心可以理解，但孩子未必喜欢。各种补习班占据了太多时间，导致孩子们没有玩的时间。久而久之，补习班让孩子们产生讨厌的情绪，学不进东西，补习费也就白花了。

　　另外，这样的家庭购买日用品也会选择较高级的产品，而且往往会一口气买很多。比如肥皂、洗发水、化妆品、洗涤剂等，累积起来也是一个不小的数目。

　　高收入者有一种执着的情绪，买某些特定的东西要买到满意为止。金钱观念麻痹就是他们的特征。

明确支出，制定优先顺序

　　那么，要怎么做才好呢！

　　重复一下，这样的高收入家庭是把普通收入者难以想象的金额进行支出固定化，一味消费且从来不省钱的代谢综合征家庭。

因此，把支出按照必要和不必要进行分类，再按照优先级排一下先后顺序，这件事说起来似乎很简单，但是对于这样的家庭来说，几乎是无法做到的。

铃木先生和他的妻子都认为所有支出都是必要的，如果缩减的话，日子简直就过不下去了。

"我会赚更多的钱。"铃木先生说，"但生活费绝对不能少。我坚持这一点。"

我劝他："虽然能赚更多的钱，但是你的工作量也会增加。如果搞坏了身体，那你的孩子怎么办？"

而且就算他赚了更多的钱，那他们的家庭支出多半也会随之升级，到时还是存不下钱。这种散漫宽松的消费观念，使许多浪费的支出变成了固定的支出，如果不从观念上进行改变，那么家计是无法改善的。

所以还是应该对目前的支出进行重新规划。

对妻子和孩子过于溺爱

这位无法储蓄的高收入者，其特征是对妻子和孩子太过溺爱。

比如说，他甚至无法要求妻子拿出管理生活费的记账本，也没法对她说每月该买什么且不能浪费。

他每月会给孩子很多零花钱，有时甚至会超额给。可以想象将来等孩子大了，他也很难避免被啃老。

确实，从妻子和孩子的角度来看，他是一位温柔的丈夫和慈爱的父亲。

当然，有钱的时候尽管大方花钱，没有关系。但是，一旦出现什么变故导致家庭收入下降，他可能就无法一直做温柔的丈夫和慈爱的父亲了。

所以，如果你的家庭也是"代谢综合征家庭"，请务必重视起来，重新整理家庭的每一项支出。

代谢综合征家庭支出的典型例子

月收入

丈夫：418,000日元　妻子：227,000日元　不动产收入：120,000日元
总收入：765,000日元

储蓄

丈夫：600万日元　妻子：300万日元

每月支出	
项目	金额
住房（房贷、管理费）	165,000
伙食费	125,000
水电费	24,000
通信费	18,000
保险费	29,000
汽车相关	8,000
日用品	12,000
医疗费	17,000
教育费（幼儿园、补习班）	89,000
交通费	4,000
清洁费	5,000
人际开支	11,000
娱乐开支	70,000
零花钱	110,000
其他	12,000
定期存款	66,000
合计	765,000

剩余：收入－支出＝0

*不动产收入是丈夫婚前购买的公寓的租金收入。

*代谢综合征家庭事实上比列表中花费更多。

*丈夫：公司职员（47岁）。妻子：公司职员（怀孕中）（42岁）。孩子：幼儿园（4岁）。

对应伙食费：买了太多的食材导致浪费。减少购物数量很重要。记住要充分使用所有食材后，再去购买新的。

对应教育费：这是孩子的教育费用。很明显，上的补习班太多了。要学的东西多，孩子和父母的负担都重。

对应零花钱：零花钱有多少就会用多少。但是不建议首先缩减零花钱，因为会产生纠纷。

📢 **家庭理财陷阱**

缺乏储蓄，就缺乏应对危机的抗风险能力。别以为永远会有钱，以及父母会帮助你，是时候进行家庭预算，改善家计了。

CASE 5
不能让下属请客的上司

慷慨大方的领导

> 在我年轻的时候，上司请我吃饭，激励我努力工作。如今我也处于上司的位置了，所以应该请我的下属们出去吃饭。

有一个这样的上司真是令人羡慕，是个慷慨大方的领导。但是，如果太过慷慨大方的话，可能会把自己束缚住。

人物：近藤先生，男，45岁。

烦恼：我的薪水提高了，但是还是没有存下钱。我担心以后年纪大了怎么办。

情况：单身的销售员近藤先生已在公司工作了23年，前一阵升职成为销售经理，薪水提高了不少。

近藤先生年轻的时候常常跟着上司出去吃饭，每次都是上司请客。自从升职以后，他的内心燃起了使命感："从现在开始，我自己也站在请客的位置上了。"于是他常常带着下属出去吃饭聚会。

可是最近他一直觉得十分烦恼，虽然工资提高了不少，但是银行卡里的存款却始终没有增加，还是只有260万日元。

为什么会这样呢？

上司的邀请会给你添麻烦吗

像这样慷慨大方的工薪族为什么存不下钱？就是因为交际费用增加了。

但是，时代已经变了。

近藤先生认为，这笔钱是不得已却又必要的支出。但是，现在已经不是原来那个上司必须邀请下属喝酒吃饭的年代了。

因为现在的年轻人跟上司的价值观未必一致，不一定乐意跟着上司一起出去吃饭。

很多年轻人都有这样的想法。

> 虽然是上司请客，但是一点儿也不愉快，反而觉得很麻烦。
>
> 工作时间我会好好工作，但请不要剥夺我的私人时间。
>
> 又开始无聊的说教了。他难道就没注意到我正在谈恋爱？我想去约会啊！

偶然间，近藤先生听到一些年轻上班族的抱怨。

"我感到耳朵有些刺痛，觉得他们说的是我。"他说，"这意味着我认为好的事情在他们眼里其实是多余的麻烦。"

让控制支出成为你的爱好

停止当慷慨大方的上司吧。减少请客的次数，就能把这部分钱存起来。

近藤先生做出了很大的改变，仅在受邀请时才会参加聚会，结账时也不会全额支付，而是只付自己的那部分，或者稍微多付一点。

最终的结果是：请客的次数减少了，交际费用大幅降低了，而银行的存款则显著增加了。

然后近藤先生对控制支出这件事产生了很大的兴趣。

他的个人饮食习惯也发生了变化：购买便宜实惠的食材回家自己做，这样的话，伙食费比以前减少了三分之一。

近藤先生做出改变的支出项目

聚餐　55,000日元⇒19,000日元
⇒仅参加受邀聚会

伙食费　70,000日元⇒49,000日元
⇒晚餐不再出去吃，而是在家做

通信费　17,000日元⇒ 9,000日元
⇒更换便宜的智能手机的低廉的套餐

电费　6,000日元⇒ 6,000日元
⇒虽然做饭增加了电力消耗，但可以在其他时候省下来

交通费　37,000日元⇒17,000日元
⇒步行到地铁站减少巴士费用
⇒如无必要不乘坐出租车

其他固定开支　139,000日元⇒127,000日元
⇒能节省的地方都尽量节省

【支出合计】
之前 324,000日元⇒ 现在 227,000日元

竟然节约了97,000日元！！！

近藤先生尝试了各种各样的省钱方法，并把省钱变成了一种兴趣爱好。于是他的存款每个月都在增加。

近藤先生虽然是单身男性，为人却十分可靠。

有的女士会抱怨说："我的丈夫每晚都会出去喝酒吃饭，经常请客。"

诚然，作为上司，照顾下属是很有必要的，但是不能因此给家庭造成经济压力。

有的丈夫对家庭预算毫不关心，一味地爱面子，每次吃饭都要请客，这样是不可能存下钱的。

夫妻之间的沟通与公司同事之间的沟通一样重要，请丈夫们就家计问题好好与妻子进行沟通吧。

📢 家庭理财陷阱

"真是让人感到麻烦啊！"经常请客不但会浪费别人的时间，还会给自己的家庭预算带来压力，所以请不要再继续了。

CASE **6**

热爱自我投资的丈夫和妻子的抱怨

你身边有没有特别痛苦的上班族

"我的能力还远远不够！"不少上班族常常发出这样的感叹。

你身边也有这样的人吧！

他们会积极参与各种行业交流会和研讨会，但没什么成果。他们总是表现得很上进，颇有野心，也一直在付出努力。

当然，有野心是一件好事，但总是得不到回报是怎么回事呢？

事实上，这样的人只不过是梦想家，企图通过所谓的努力来逃避现实。

这样的情况在实际生活中有不少。

人物：中尾医生，女，37岁。

烦恼：丈夫的交际费用太高了，虽说是为了工作吧，但我真的觉得很苦恼。

情况：前来进行咨询的中尾医生是一位资深的医疗工作者，她的丈夫比她大一岁，是公司职员。他们育有两个孩子。

中尾医生的收入很高，事实上光靠她一个人的收入就足够养家了。但她仍希望尽可能地为两个孩子存更多的教育资金。然而她却没存下多少钱，因为她的丈夫花得实在太多了。

于是中尾医生带了她丈夫一起来进行家计咨询。

"我觉得我的能力还不够。"她丈夫说，"我正在努力，等过一段时间一定能赚到很多钱！"就算在咨询的过程中，他也会时不时地说这样的话。

如果想赚很多钱，那么进行一些投资是有必要的。于是，她丈夫投入了不少资金，参加各种拓展人脉的交流会、提升个人能力的培训课程和资格考试、扩大业务领域的研讨会等。

结果，丈夫的工资一眨眼就花光了，然后不得不依赖信用卡，甚至挪用家庭生活费。

对于这样的丈夫，应该怎么办才好呢？

立足于眼前的工作更重要

让我们来看看中尾家的家庭开支情况。

这对夫妻的钱包是分开的，也就是说财务独立，自己管自己的开支。

丈夫月收入30万日元，花15万日元用来进行自我投资。剩下的15万日元，一半是零用钱，另一半是家庭生活费。

妻子希望把两人的收入合起来管理，限制支出，稳步增加储蓄。也就是说，丈夫的自我投资这一部分开支有必要进行缩减。

"等等，我的能力还不够，我还需要进步！"热爱自我投资的人有一些共同特征，比如工作进行得不太顺利，得不到上司的好评等。

中尾医生的丈夫也正在经历这些不顺。"我想寻找一条能

自我投资的方法

把收入分成三类

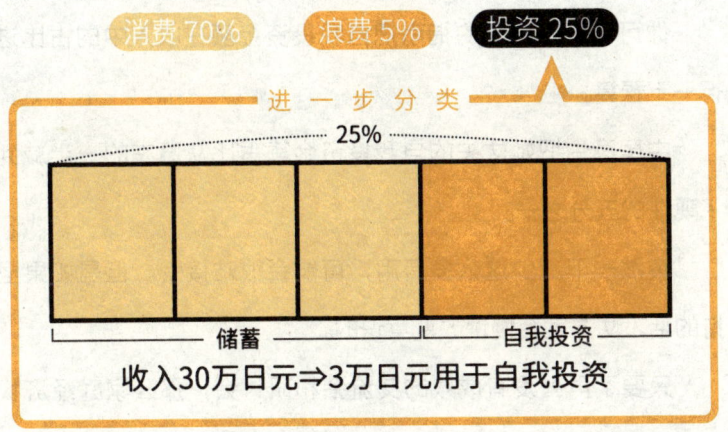

消费 70% 浪费 5% 投资 25%

进一步分类

25%

储蓄 ┘└ 自我投资

收入30万日元⇒3万日元用于自我投资

尽快得到别人认同的路，比如参加各种交流会和研讨会。"
他说。

每次他都是出席就觉得满足了，就觉得自己已经付出了努力，但实际上他并没有真正努力。

与其这样好高骛远、不切实际，不如踏踏实实地做好眼前的工作。只要持续认真努力，慢慢就会得到同事们的信赖，工作也会顺利起来。

你可以按照上图的指南把自我投资金额在收入中的占比进行一下预算。

中尾医生把她丈夫的自我投资金额占比从原来的一半减到了现在的五分之一。

突然一下减少这么多费用，可能会很难接受。但是如果坚持的话，丈夫就会慢慢改变意识的。

只要不再去没有成效的交流会和研讨会，那么家庭经济状况就会得到很大的改善。

不仅仅是孩子们的教育费增加了，将来的养老资金也能增加。

📢 **家庭理财陷阱**

有不少具有所谓成功意识的人，他们奔波在各种交流会、研讨会上，花了很多钱。虽然目的是增加收入，但重要的是不仅要关注自己的未来，更要关注夫妻和家庭的未来。

CASE 7
退休后发现养老金不够养家

不少老年人在退休以后，生活会陷入困境，因为养老金远远少于工作时的收入。

也有人在退休时一次性领取大额退休金，看到存折上写着人生中最高金额的存款，心情一下就放飞了。虽然嘴上说着"我肯定不会浪费的！"但实际上花起钱来却没有限制。这种情况可太多了。

人物：斋藤太太，女，61岁，家庭主妇。

烦恼：把家庭财务交给丈夫管理后，结果出了大问题。

　　情况：斋藤太太是全职主妇，为家庭生活操劳了一辈子。她一直掌握着家中的财政大权，在丈夫退休前还清了住房贷款。他们的孩子都已独立生活，不用担心教育费的支出。而且她丈夫斋藤先生在60岁退休后，又把雇用期延长到了65岁，在这之前一直有稳定的收入。

　　斋藤夫妇都很清楚养老金的重要性，发誓在领到退休金后绝对不会浪费，不去海外旅行，也不进行大额投资等。

　　是的，他们的想法非常正确，唯独犯了一个错误，就是把家庭财务转交给丈夫来管理。

　　为了让斋藤先生更多地参与到家庭中来，操持了一辈子家计的斋藤太太说："我想知道我是否也可以退休。"于是她把家庭记账本交给了丈夫。

　　之前斋藤先生一直处于不停工作的状态中，基本不怎么过问家中的事。大概是出于对妻子的愧疚，他很快接受了这个提议。

　　斋藤太太还特地与丈夫进行了几次深入沟通，让他了解家庭财务支出的各种项目。

　　应该不会有什么问题。斋藤太太想。

　　然而，问题大了。

疏于记账结果不知道钱花去了哪里

退休后的斋藤先生尽管没有以前那么忙，但是由于延期雇用的工作，他记录家庭账本就不那么勤了，有很多支出都没有记上去。

但是也并没有额外的支出和浪费，所以没什么关系吧？斋藤太太这样想着，仍然让丈夫继续尝试。

一年过去了。斋藤太太去银行取钱时，发现存折上的余额变成了1,950万日元。

花得也太多了吧！斋藤太太非常吃惊。她计算了一下，在丈夫管账的这一年里，不但把延期雇用的收入花光了，还超支了250万日元的存款。

去年这个时候，斋藤先生领到退休金，加上以前的存款，账户上共有2,200万日元。

这笔钱是用来给夫妻二人当养老资金的，然而现在却以飞快的速度减少了。这样下去的话，不到10年，养老资金就会见底。

"别说退休后的旅行了，连生存的钱都不够呢！"斋藤太太这下开始惊慌起来。

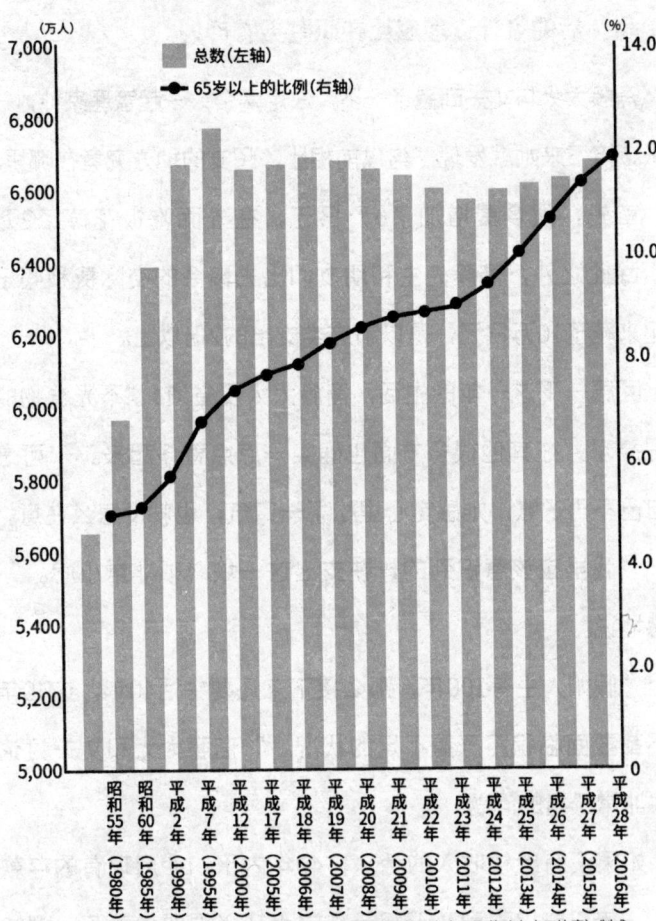

劳动力人口的变化

（万人）　　　■ 总数（左轴）　　　　　　　　　　（%）
　　　　　　　━●━ 65岁以上的比例（右轴）

资料：根据内阁府总务省《劳动力调查》（年龄阶级劳动力人口及劳动力人口比率）制成
（注1）"劳动力人口"是指15岁以上人口中就业者和失业者的总和。
（注2）平成23年，由于岩手县、宫城县以及福岛县的调查实施困难，所以采用了估算值。

**尽管劳动力总人口数持平，
但65岁以上劳动力人口占比在持续增长。**

退休后的家计管理应比在职时更有计划

斋藤太太与丈夫商量了一下，决定两个人一起管理家计，一起记账。接下来她就发现了与以前相比，超支的地方究竟在哪里。

首先，伙食费增加了6万日元，在外面吃饭花掉了2万日元。除此之外，斋藤先生和朋友们出去聚会的交际费和娱乐费加起来花了10万日元，是以前这类支出的2倍以上。

回顾一下这一年的生活，斋藤太太反省道："不光食物的质量提高了，在其他很多方面也确实一点点奢侈起来。"可是因为自己不再记账，她感觉心里松了一口气，也就没怎么在意。

"我早应该意识到的，在支出这一块必须非常小心。"她遗憾地说。

"假如人生有100年，那么接下来还要生活40年，这40年里我们都要面临积蓄严重不足的状况。"斋藤太太和丈夫讨论着这件非常严肃的问题。

如果没有继续收入的话，在40年内平均使用现有的存款，那么一年只能用不到49万日元。这点钱必须要省着花，哪怕有养老金的收入，也绝不能掉以轻心。

斋藤先生开始考虑有没有超过65岁仍然能够工作的方法。

斋藤太太则想着自己擅长的缝纫技术是否能用来改善家计。她登录了人才中心，找到为保育园制作幼儿物品的工作，开始一点点赚取收入。

所以，退休以后绝对不能放松大意。

先考虑好要过什么样的晚年生活，确定每年的支出金额，再进行有计划的管理。

节约是一件非常重要的事，如果没有钱，那么就必须降低生活质量。

 家庭理财陷阱

很多人领到一次性退休金这样的大笔金额时，钱包就容易松动。但是由于退休后收入会大幅降低，所以要更加注意花钱要有节制。

CASE **8**

过付金还清后为什么还要再次借款

债务清偿后又继续借债的人在增加

日本自2010年全面实施修正《贷金业法》以来，整治了各种不良放贷的环境。

但是最近几年，有一些人把过去的债务进行清偿之后，又开始了一次次的借债。显然，所谓的借债体质再一次流行起来。

不知大家是否听说过"过付金"这个词。

过付金是指，在修正《贷金业法》实施之前就存在的债务，由两部法律规定的最高负债利息率之间的差额所产生的钱。

以前有两部法律分别规定了不同的利率上限，在2000年修订的《出资法》规定利率上限为29.2%；而在1954年颁布的《利息限制法》规定利率上限为20%（因借款金额而异）。

于是，很多从业者根据高利率的《出资法》规定了负债利息率，即29.2%。如用《利息限制法》规定的20%利率来重新计算，那么多出来的利息则成为过付金。

而修正的《贷金业法》规定，《出资法》与《利息限制法》之间的利率灰色地带被废除，从业者必须偿还债务人所支付的过付金。

我想很多人不会忘记，在2010年前后《贷金业法》全面实施时，法律工作者们为了帮助大家取回过付金而进行了大量宣传。

然而，有许多人在取回过付金后，不久又因为借钱而陷入债务困境，这是为什么呢？

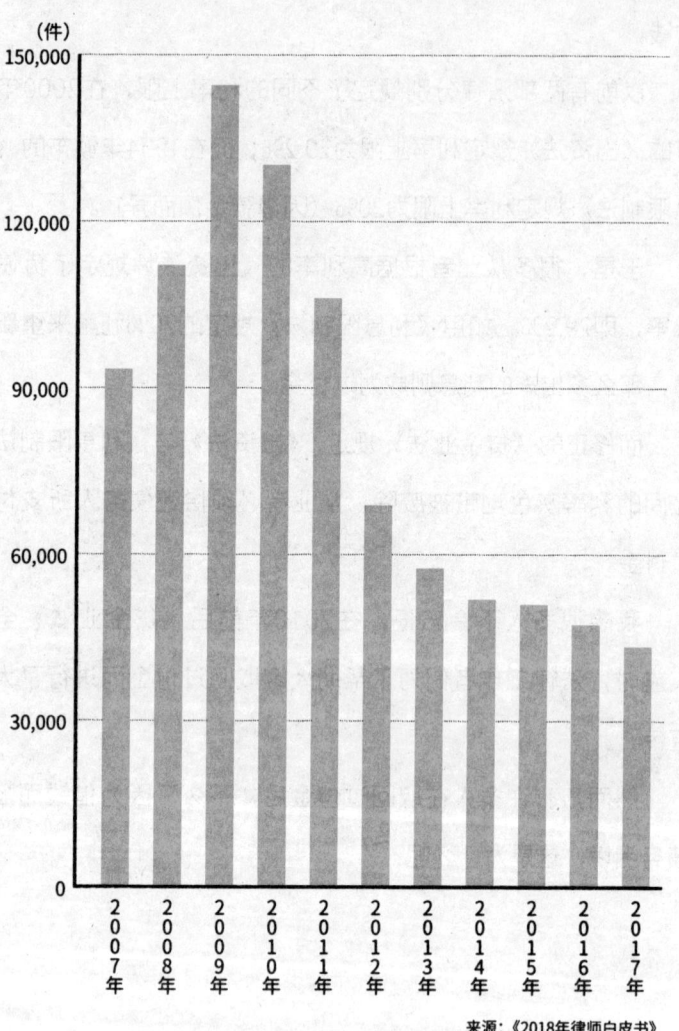

新的民事诉讼一审（过付金等）受理件数变化

（件）

来源：《2018年律师白皮书》

人物：本田先生，男，55岁，公司职员。

烦恼：好不容易清偿完债务，还拿回了过付金，结果不久又开始借债。

情况：本田先生在40多岁的时候，因为过度使用信用卡而导致无力偿还，只好去消费者金融中心借债，重复借款还款、借款还款的行为，结果利滚利，欠的款越来越多。

这时，他看到了"让我帮你取回过付金"这样的广告。广告里说，很多人取回的过付金高达数十万日元，甚至还有几百万日元之多的。

于是本田先生立刻去找了律师。然后他惊讶地发现，自己不但能清偿所有的债务，还能拿回约100万日元的过付金。

原来他那么辛苦地筹钱还款，其实是在支付超额利息。

在支付了律师费后，本田先生手头还剩余80多万日元。

按道理，本田先生在经历过这样的事后应该会吸取教训，好好过日子。可是过了7年，当他能够再次办理信用卡后不久，又陷入了债务循环之中。

如果不改变借款原因，那么债务将成为死循环

由于有不良信用记录，本田先生暂时不能借款，也不能办卡，不能使用信用卡消费，于是他过着朴实的生活。

可是过一段时间，当他能再度开始办理信用卡时，又开始重复以前借款的生活了。

这是因为，虽然清偿了债务，但借债的原因没有从根本上得到解决。那么原因是什么呢？就是家计，也就是说，家庭预算出了问题。

请复习一下本书前面所述的内容，如果您的家计没有改善以避免欠债的话，您将会一遍又一遍地重复同一个错误。

本田先生在能办理信用卡后，立即把能办的卡全部申请了一张，然后每月还款超过80,000日元。

又要养家又要还住房贷款，这对于只有30万日元月收入的本田先生来说是十分困难的。把日子过成这样，再跑到事务所来咨询家计。"拜托你想想办法！"不得不说，本田先生仍然十分天真。

到了这个阶段，还能做的事情只有：找到家庭预算的问题究竟在哪里，努力改善；并在律师的帮助下进行债务清偿工

作。不要担心被周围的人知道了会没有面子。

本田先生的情况是，在改善家计的同时保护家庭，以个人经济再生的方式进行第二次债务清偿。

即使取回过付金而让手头一时宽松，但如果不改变自己的金钱意识，也无法真正解决问题。

通过认真记录家庭账本来好好管理支出，努力减少浪费才是真正的解决办法。

📢 家庭理财陷阱

被眼前的金钱迷惑，却无法正确使用这些钱的人，最终都会重复同样的错误。学会操纵金钱，而不是被金钱所操纵。

APPENDIX

丈夫零花钱的平均金额是 39,836 日元

给零用钱的方式比零用钱的多少更重要

上班族家庭中，丈夫要用零花钱的地方很多吧。

根据新生银行的调查，2018年工薪阶层的零花钱平均是39,836日元。这个金额是多还是少，根据家庭状况和想法因人而异，一般认为是夫妇收入的一成左右。

但是，比起零用钱的金额更重要的是家庭开支方式，也就是说主要支出是使用哪一个钱包。家庭开支方式与储蓄金额的变化有着密切的关系。

例如，让我们比较每月领取30,000日元零用钱的A先生和每

月领取80,000日元零用钱的B先生。

A先生似乎只有30,000日元，但他的午餐是从家里带的便当，并且他的主要生活费用由家庭钱包支付。

另一位B先生则享有80,000日元的大笔款项，但他要从自己的零用钱中支付每日午餐费，以及理发费用和其他一些生活费。

你认为哪一种方式更好？

根据我在家庭预算咨询方面的经验，A先生会倾向于节省更多的钱。乍看起来，B先生似乎能够更系统地省钱，因为他可以灵活使用自己的这笔钱，但事实并非如此。

B先生的自由度确实更高。但 A先生既可以管理自己的零用钱，又参与了整个家庭的经济预算，与家庭成员共同商量管理开支，那么他在家计运营方面也就更有心得，便于有计划地储蓄。

B先生的家庭是夫妻分别使用自己的独立钱包，这也是一种家庭财务管理方法。夫妻两人各自都有收入，经济独立，不把彼此的收入累加在一起，自己负责自己的开支，而共同生活的那部分费用则由两人分担。但生活中的共同部分其实是很少的。近几年有不少夫妻采用这种相处模式，自己的收入自己管理。

夫妻管理独立钱包的方式有很多种，例如：

（1）房租和水电费由丈夫负担，伙食费和日用品由妻子负担。

（2）根据收入的比例来决定每月应拿出多少生活费，放在公有的钱包里。

（3）收入完全自行管理，产生共同的开支后再对半分。

（4）如果妻子是全职主妇，丈夫把必要的生活费交给妻子，其余的收入自行管理。

夫妻使用独立钱包的缺点

虽然家庭收入的管理方式有很多种，但是使用独立钱包的夫妻都有共同之处，就是只关心自己支出的那部分。

比如说，对方是否浪费，我并不在意。电费如果由对方支付，那么每月用多少电我就不怎么关心，对交电费这个事无动于衷。本来应该是一个由双方共同关心的家计问题，结果就完全交给了对方。

这样一来，家庭开支将会慢慢变成一笔糊涂账。结果就是存不住钱，每月赤字，储蓄越来越少，甚至会出现工资无法维持而偷偷借钱的情况。

对于家计管理来说，这种方式的缺点是显而易见的。

在实际咨询中经常会听到如下烦恼：

"当我遇到困难却没有存款的时候，我的配偶却不愿为我花钱，太无情了。"

"明明不是我借的钱，可是突然有一天，我被告知欠债了。"

陷入以上这种困境的夫妻还有不少。

据他们说，刚开始结婚时，夫妻使用独立钱包的模式运行得好好的。但是，在孩子出生、买房、照顾父母等需要大支出的情况出现后，各种问题也就跟着出现了。如果不把收入合在一起，根本就无法应对这些问题。

需要注意的是，如果这些情况越来越严重，那么就不仅仅是财务问题了，而会演变成夫妻之间的感情危机，最终导致家庭破裂。

是的，这个社会正在变得越来越多样化，人们的收入也在逐渐提高，同时消费的需求也是多样化的。男女在结婚前都习惯了自由支配自己的收入，并不希望他人干涉自己。

因此，即使结婚成了家，仍然有很多夫妻认为："我挣的钱是我的钱，他挣的钱是他的钱，自己挣钱自己花天经地义。"

　　但是，我想问的是，那你为什么结婚呢？

　　不管怎么说，家庭是需要两个人共同经营的。一个幸福美满的家庭，与健全良好的家庭收支系统是密不可分的。

第二章

糟糕的资金计划

CASE **9**

被免费保险咨询所迷惑，数次更换保险

3 年间更换了 6 次保险？

最近，在街角的一些购物中心，出现了一些挂着"保险再评估"牌子的店面。

而且，这些门店经常会打出免费咨询的旗号。

虽然这些店铺被称作保险商店，但他们不仅会对你入手的免费保险是否适合你做出判断，还会推荐一些更适合你的保险，有些人就会觉得："这种服务可真好啊！"

可是，这种想法着实太天真了。他们会利用再评估、免费等词汇来迷惑你，入坑后后悔的人绝不在少数。

人物：中村女士，37岁，女性。

烦恼：我现在不知道该找谁咨询了。

情况：这位中村女士曾经来找我探讨家庭收支的问题，当时她真是一脸生无可恋的样子。她本人想买一些比较合适的保险，于是就到保险商店去咨询。之后，在3年的时间里，她总共更换了6次保险。

那些推销保险的店员，根据她的家庭状况和经济条件，不仅针对购买可能性做了模拟，还听取了她本人的意向告知了一些必要的保障项目，就这样一直与中村女士进行诚恳而认真的探讨。

然后，店员向她推荐了一些所谓的最合适的保险，然后中村女士就放心地购买了，她对此感到非常满意。

而在这之后，她又在书本和杂志上数次看到了关于保险的信息，于是就开始纠结：是不是还有更适合我的保险呢？为了解决这个顾虑，中村女士又去了保险商店，让店员推荐，随后签合同。

如此一来，中村女士多次更换保险的结果就是，她损失了将近200万日元。

没有比免费更恐怖的东西

保险这一类商品，一旦在购买之后解约，就会对买方造成极大的损失。在所有类型的保险中，储蓄型保险造成的损失尤为严重。

还有，很多以美元为主的外币支付保险商品，如果汇率发生变动，损失可能会达到数十万甚至数百万日元。

这就是中村女士遇到的情况。

店员为她推荐过储蓄代理，而后她又将这种储蓄型保险进行了解约。由于是用美元购买的，因而其损失非常大，之后还数次更换保险，最终造成了200万日元的损失。

这样的损失已经非常大了，然而更换保险的损失上限远不止于此。

这种事情发生的原因，就是人们被"免费"两个字迷惑，并且对于保险商店产生了过度的信任。

咨询是免费的，这的确没错。

可是，没有比免费更恐怖的东西了。有些保险商店会借着免费咨询的机会，向客户推销保险商品，进行强制售卖。

大家一定要冷静思考一下：哪里有提供免费服务的公司

啊！免费之中是包含着利益的，所谓的免费仅仅是一个通往盈利的入口。

从这种意义来看，那些过分相信保险推销员的建议，数次更换保险的人，对于保险商店来说，基本就是送钱上门的客户。

当你想到每次更换保险时，保险售卖方就会获取大笔的手续费，这样一来，你还会觉得那些店员的话值得相信吗？

在我看来，他们不过是表面上与你亲切交谈，实则是借此推销保险，这种行为近乎欺诈。

怎样才能不被推销人员的话语所迷惑呢？

即使是非免费的服务，也鱼龙混杂，要是不认真判断，付费也有可能被骗。

那么，为了防止上当，我们该怎么做呢？

推销员的推荐并不是完全不可以信任，但我们一定不能被他们的话迷惑。

在听取了推销员的意见之后，我们还要自行收集一些信息，并去找专家进行二次咨询，然后基于自己的实际情况和价值观，对其优劣利弊做出判断。

现阶段自己最需要的是什么，我们有必要认真考量。

打着免费的幌子吸引顾客的行业不限于保险业，还请大家在面对此类情况时一定要反复斟酌。

 家庭理财陷阱

单单因为推销人员的友好交谈而落入陷阱的人有很多！对于保险再评估，我们一定要考虑好什么才是最适合自己的，大家以后尝试着把握一下吧！

CASE 10
想通过保险来进行储蓄？不太可能

年收入 700 万日元的人，也没有存款

下面我再来详细说明一下储蓄型保险。购买储蓄型保险的人，购买的理由大体就是：

有了保险，不仅可以防范万一，以备不时之需，还可以让自己更有效地存钱……

除了人身保险，之后还可以当存款取出来使用，而且税费还很低……

诸如此类的话，保险推销员应该都对你说过。

到期之后，你的存款可以翻一倍……

外币支付的话，我可以保证，利率决不会低于3%……

听了这些极具诱惑性的话语之后，很多人一下没控制住，就购买了。

这些推销员，很明显刺到了那些不善储蓄之人的痛处。原因就是，这些人会认为：这样的保险不仅可以预防意外情况，还可以完善自己的储蓄状况。

然而，既然自己的目的是储蓄，那为什么要买保险呢？而且，保险真的可以帮助你有效储蓄吗？

人物：山村先生，35岁，男性。

烦恼：我现在基本存不住钱了。

情况：山村先生是一个单身的公司职员，他的年收入超过了700万日元，可是即便这样他也有烦恼。

那时候，有位保险推销员给他推荐了一个保险，说是可以自动帮你存钱，他觉得这个挺合适的，于是就签合同了。

他需要为此每月支付5万日元，当然以他的收入，每月除去生活费，这些钱还是拿得出的。

但是有一天，身在老家的母亲突然联系他，说他的父亲病倒了，想请他帮忙，给父亲出一点医药费。

可是，他除生活费之外的钱几乎都用在了那份保险上面，而如果解约的话，返还给自己的钱会很少，无法与自己已经投进去的钱相比。

不希望自己受到损失的山村先生，自此开始纠结，到底是用信用卡里的钱，还是向消费者金融借贷呢？

储蓄型保险的风险非常高

据那些吃过储蓄型保险亏的人所说，他们中的大多数，在还没有具体了解保险内容的时候，就匆忙签约了。

"通过保险来存钱"，很多推销员都会这么说，而人们也会因此被迷惑。虽说买保险是为了存钱，可一旦解约，返还的钱要比你投进去的钱少很多。再加上通货膨胀和汇率风险，造成的损失是多种多样，但人们对此却知之甚少。

况且，储蓄型保险在资金效率和流动性方面的表现，也不敢恭维。

然而，像山村先生一样，抱着既能储蓄，又能防范意外情况，可以一石二鸟这种想法购买此类保险的人依然数不胜数。

这类客户，通常不会深入思考，有一种只要自己觉得可以就马上下手的习惯。在购买保险之前，我们有很多需要考虑的问题。

那么面对这种情况我们该怎么做呢？

首先，在思考通过保险来储蓄这一问题之前，你要反复分析自己的收支状况。削减不必要的开支，增加自己的存款，这才是最重要的。

如果你手头有足够的剩余资金，那确实是另一回事；可如果没有，你就需要先改善一下家庭经济条件。

对山村先生来说，其年收入超过了700万日元，要是能认真控制一下支出的话，他会有很多剩余资金，存钱根本不是问题。然而他却忽视了在此方面的努力，这是极其错误的。

在这种情况下，一旦遇到急用钱的事情，经济就会陷入困难，不得不去进行一些完全不必要的借贷。

而且，由于这种金钱使用方式已经成了习惯，考虑到未来的教育资金以及养老资金，还是尽快改变这种习惯为好。

其实保险的作用仅仅就是保障，我们有必要把保障和储蓄分开来看待。

我们可以通过自行积攒钱财来进行储蓄，还可以通过存储型的信托投资等机构来进行。

储蓄型保险的缺陷

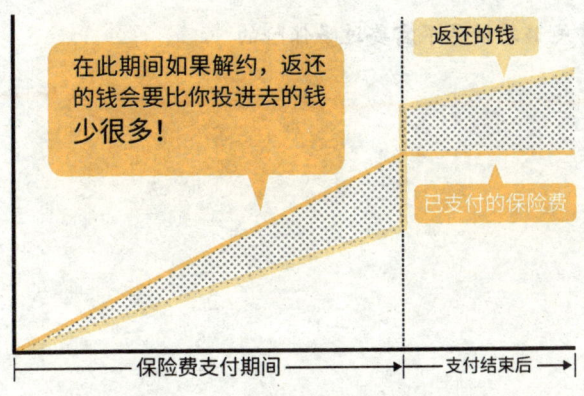

中途解约的话，你可能连本都回不来!

这样一来，你就不会有像山村先生那样的大额支出，也不需要兑现或贷款，必要的时候可以在花钱的同时进行储蓄。

 家庭理财陷阱

与不仅可以防范意外状况，还可以帮助存钱的观念相比，你应该首先想到有存款就可以防范意外情况。储蓄足够的话是不需要过多保险的。

CASE **11**

如果不合理规划大额保险金，生活可能就会陷入窘境

6,000 万日元的保险金凭空消失了？

在领取了大额保险金之后，不知不觉将其消耗殆尽，这种情况也很常见。当然，收到这么一大笔钱，生活肯定会有所改善，很多人就会进行一些不必要的支出，他们中的一些人坚持认为：自己的存款是不会减少的。

然而在相关知识还比较匮乏的状态下到处投资，必然会经历一些不好的事情。

人物：今田女士，50岁，女性。

烦恼：我只是想要在未来多一些存款而已……

情况：家住在市内的今田女士，在她30多岁的时候丈夫去世了，之后她就和3个孩子一起艰苦度日。某一天，她收到了一笔丈夫的死亡保险金，共计6,000万日元，由此，一家人的生活也有了希望。

在这一时期，遗族年金①和劳灾保险金，这两项保险每月可以给今田女士30万日元。而且，因为有团体信用生命保险，以丈夫名义所购房产的房屋贷款也不用偿还了。

今田女士经常想：虽然孩子们没了父亲，但我绝不能让他们在别人面前感到自卑。于是孩子们跟周围别的孩子一样，照常上学，照常学习，还让他们考上了心仪的学校。

另外，为了在未来多一些存款，她拿出了2,000万日元进行了投资。但她对于投资的学习显然是不够的，在与证券公司的推销员交谈过后，今田女士购买了他推荐股票。

---

① 译者注：在日本，如果丈夫没有退休就去世了，妻子可以领取年金。这个年金叫作遗族年金。

这样的生活一直持续着，可家里的支出却渐渐增多了，有时候一个月的支出能达到50万日元。随后，在很多月份里还出现了赤字。为了应对这种情况，她只能拿丈夫的保险金来填补。

后来她的大儿子长到了18岁，生活状况一下子变得糟糕了许多，因为遗族年金的金额大幅减少了。

那个时候，今田女士手头只剩下了1,100万日元，虽然她还有2,000多万日元的投资款，可是从那一年开始，此后的5年间，3个孩子都要上大学。现有的存款为1,100万日元，每个孩子上大学的费用按300万日元来算的话，剩余的生活费只有200万日元，这显然是不够的。

此外，她投资出去的2,000万日元，由于几个主要的股票运作不佳，其总估价已经减少到了1,500万日元。

今田女士十分苦恼，她对我说："这样下去我就不得不去做一些兼职工作了，可我基本没有什么工作经验，所以我也不知道该怎么做。"

孩子年满十八岁时，遗族年金就会大幅减少

这里我想稍微解释一下遗族年金。一个公司职员的遗族

年金，分为遗族基础年金和遗族厚生年金（遗属养老保险）两种。今田女士领取的遗族基础年金，是针对没有厚生年金，但拥有国民年金的自由职业者和兼职工作人员，在其配偶（需满足老龄基础年金领取资格）死亡，且有未满18岁的子女时可以领取该项补助。

与此相对的，遗族厚生年金针对的是拥有厚生年金的公司职员和公务员，在其配偶（需满足老龄基础年金领取资格）死亡后可领取该项补助。

此时，所领取的补助会在遗族基础年金之上再将遗族厚生年金进行加算，这就是所谓的附加遗族年金。

此外，对于遗族基础年金，除了基本的保险金之外，根据子女的人数，还会有一定程度的加算。现阶段，遗族基础年金的基本保险金额为779,300日元，如果有子女，第一个孩子和第二个孩子每人可领取224,300日元，第三个孩子及以后，每人可领取74,800日元。

然而，当某个子女年满18岁时，保险金额将会减少（该子女的加算金额将会被去除），而当所有子女年满18岁时，不仅其加算金额将被去除，该家庭连遗族基础年金的基本保险金额也无法领取了。

丈夫（公司职员）去世后，
妻子（30多岁）和两个孩子领取遗族年金情况如下

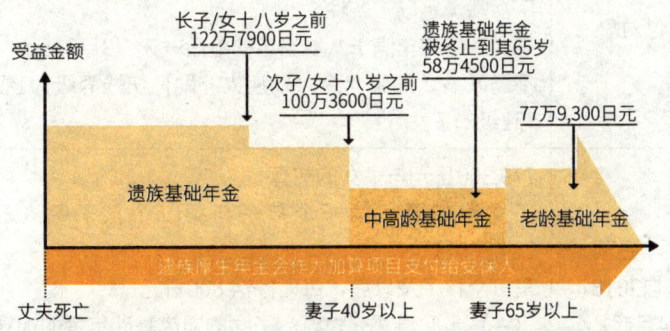

受益金额

长子/女十八岁之前
122万7900日元

次子/女十八岁之前
100万3600日元

遗族基础年金
被终止到其65岁
58万4500日元

77万9,300日元

遗族基础年金

中高龄基础年金

老龄基础年金

遗族厚生年金会作为加算项目支付给受保人

丈夫死亡　　　　　　妻子40岁以上　　　妻子65岁以上

　　　而且，与此同时，劳灾保险金的领取也会终止。也就是说，之前能够拿到的这部分补助金此时会被全部取消。

遗族基础年金		
领取条件	★	被保险者以及满足老龄基础年金资格的时间达到25年及以上的人死亡时[但是，此项要求死亡者支付保险费的时间（含免除保险费的时间）要达到满足老龄基础年金资格时间的三分之二]
	※	但是，在2026年4月1日之前死亡，且死亡者不满65岁时，自死亡当月的前两个月开始，其之前的一年内，死亡者需要缴纳未能缴纳的保险费，才可领取该项补助。

（续表）

遗族基础年金	
支付对象	★死亡者所在家庭中可以维持家庭生活的成员： 1.死者的配偶 2.子女 子女需满足以下条件： 子女还不到年满十八岁当年的最后一天（3月31日） 不满20岁，障害年金（残疾人补助）伤残等级为1级和2级的子女
年金额 （自2018年 4月起）	779,300日元与子女的加算 子女的加算：第一个孩子与第二个孩子每人各224,300日元 第三个孩子及以后，每人各74,800日元 （注）当父母都死亡时，子女的遗族基础年金的加算是从第二个孩子开始进行计算的，即如果家庭中只有一个孩子，则其金额为779,300日元。

想要压缩生活费，就要想办法活用奖学金

今田女士今年50岁，假如说从现在开始，她的寿命还有50年。这样考虑的话，生活费显然是不够的。

要是不趁着自己还有力气干活的时候赶紧工作挣钱、养家糊口的话，未来的生活肯定会变得没有希望。

目前今田女士可以做的，就是将生活费压缩。此外，孩子们的学费该怎么支付，她也要与子女们共同商讨一下。

现阶段，有超过一半的人都会去利用奖学金[①]。虽然这意味着学生需要进行借贷，我也不敢直接劝导孩子们去积极运用它，但在不得已且不会影响未来生活的情况下，这个办法还是可以考虑的。

这种情况实际上是比较常见的。家里失去了顶梁柱，保险金就显得十分重要。

然而，有很多人在一笔巨款到手之后，从不考虑未来的生活计划，毫无计划地乱花钱。

为了预防这种情况发生，当你因意外状况而获得大额保险金时，你必须要冷静下来，认真规划一下将来的生活，并对未来金钱的使用方式进行严格的考量。

我的建议是：制订一个家庭生活计划表。

对自己未来收入的预计，以及子女上学、毕业等方面的支出大约会是多少，我们可以将这些东西写进一个表格里。我在下方给大家列了一个家庭生活计划表，以供参考。

———————

① 译者注：在日本大学里，奖学金分为两种。一种是学生不用返还的通常意义上的奖学金，另一种则是需要在学生毕业后进行返还的奖学金，这里面还分为有息和无息两种，大致相当于中国的助学贷款。

今田先生家的生活计划表

		现在 2020	1年后 2021	2年后 2022	3年后 2023	4年后 2024	5年后 2025	6年后 2026	7年后 2027	8年后 2028	9年后 2029	10年后 2030	11年后 2031	12年后 2032	13年后 2033	14年后 2034	15年后 2035
家庭成员	今田女士 年龄	51岁	52岁	53岁	54岁	55岁	56岁	57岁	58岁	59岁	60岁	61岁	62岁	63岁	64岁	65岁	66岁
	长女 年龄	19岁	20岁	21岁	22岁	23岁	24岁	25岁	26岁	27岁	28岁	29岁	30岁	31岁	32岁	33岁	34岁
	长子 年龄	17岁	18岁	19岁	20岁	21岁	22岁	23岁	24岁	25岁	26岁	27岁	28岁	29岁	30岁	31岁	32岁
	次子 年龄	15岁	16岁	17岁	18岁	19岁	20岁	21岁	22岁	23岁	24岁	25岁	26岁	27岁	28岁	29岁	30岁
收入	到手的收入 今田女士	329	276	276	114	114	114	114	114	114	114	114	114	114	114	114	51
	退休金 今田女士																
	养老金 今田女士																

收入															
其余补助金															
保险	69														
儿童补助															
长女															
长子															
次子														12	
其他收入															
兼职		142	142	142	142	142									
子女独立后的生活费															
总收入	120	256	256	256	256	256	114	114	114	114	114	276	276		341

(续表)

支出		C1	C2	C3	C4	C5	C6	C7	C8	C9	C10	C11	C12	C13	C14	C15	C16
	生活相关支出																
	生活相关支出	422	426	430	435	439	444	448	452	457	462	466	471	476	480	485	343
	护理费用																
	丧葬费用																
	住房相关支出																
	借贷支出																
	房贷返还																
	各项经费	52	52	52	52	52	52	52	52	52	52	52	52	52	52	52	52
	子女教育费																
	长女	300															
	长子	47	36	300													
	次子	57	52	47	36	300											
	保险相关支出																

📢 **家庭理财陷阱**

　　为了家庭拼命工作，每月还支付着相当多的保险费，可即便这样，还是不能让保险发挥作用，这的确是非常糟糕的情况。为了经营好自己的生活，大家一定要认真商讨保险金的使用方式。

APPENDIX

三分之二的人都把保险金给花光了

有些人在巨款入手之后，对金钱的感觉会变得狂野。

在我之前做过的家庭经济评价工作中，拿到3,000万以上巨额保险金的人就有30多位。

乐观地估计，能够考虑未来，按照保险金使用计划来花钱的人只占到三分之一。其他三分之二的人，在拿到大额保险金之后，对金钱的看法会变得非常奇怪，然后他们的钱就这样被自己花光了。

而在这些人里，虽然有些人也会主动计划家庭的经济，并且会拒绝一些不必要的支出，可这样的人实在是太少了。绝大多数人都会变得花钱毫无节制。

之所以会出现这种情况，就是因为得到的保险金太多了。而那些每次只拿取适当保险金额的人，因为手头的钱没有多得过分，因而他们对金钱的感觉也不会变得狂野。

那么，到底该怎样做才好呢？当然就是花钱的时候不要太奢侈，并通过工作来获得稳定收入。可是，很多人是做不到这一点的。

一些找我咨询过的人，当我跟他们说如果对未来感到不安的话，就必须在生活上做出改变，你要趁你还能劳动的时候找个工作时，他们总会回复："我到现在还没有什么工作经验，所以才会感到不安。"

确实，完全没有工作经验的人想要顺利找到一份工作，这并不容易，而且年龄也着实是一个大问题。可除此之外，还有什么别的办法呢？

对保险金依赖过度，而消费又不懂得节制，往往会带来不幸的后果。

说到这里，大家有何想法呢？说不定有人就会因此想到：对消费欠缺考虑和无计划的生活，真的不太好。

在我看来，用比较失礼的话来说，这样是非常可怜的。

例如前文提到的今田女士，她的丈夫去世后，生活变得孤单寂寞，周围也没有人告诉她保险金的正确使用方式，靠自己一个人支撑家庭生活，很容易就会陷入这种境况。

从这种角度来看的话，只要能拿到必要保障的最低金额其实就够了。确实，大额金钱入手之后一时很痛快，可考虑到未来就不一定是好事了。

其实不仅仅是保险金，那些买彩票中大奖的人也差不多如此。此外，状况相同的人还有通过投资赚大钱的人，以及获得巨额遗产的人。

今后，如果你有幸得到了一大笔钱，那么在大手大脚花钱之前，一定要考虑一下：这笔钱到底怎样才能有效地使用？

📢 **家庭理财陷阱**

为了家庭拼命工作，每月还支付着相当多的保险费，可即便这样还是不能让保险发挥作用，这的确是非常糟糕的情况。为了经营好自己的生活，大家一定要认真商讨保险金的使用方式。

CASE 12
不想让自己的子女以后吃苦，
于是在教育的费用上疯狂破费

通过削减生活费用来补充教育费用？

在找我咨询的人里，有很多人想过削减生活费来增加教育的支出。他们的经历大体就是，子女从幼儿园开始就在课外时间学习英语，还上过很多兴趣班，如钢琴班、小提琴班等。学习项目多的孩子有的会达到六项，这数量真的很惊人。

我们必须承认，孩子身上有着无限可能，也能理解父母希望通过教育让孩子早点儿绽放的心情。这也是为了让孩子日后能考上好的学校，进而进一家好公司，找一份好工作，生活上少吃点儿苦。

　　可是，即便如此，学习也是要有限度的。通过削减生活费来补充教育费，未来的家庭经济状况如何，我们一下子就能想到。然而，一旦涉及子女，人们常常会对这些问题视而不见。

　　人物：田村先生，43岁，男性。

　　烦恼：为了不让孩子以后吃苦，我总是想让他多学习一些东西……

　　情况：43岁的公司职员田村先生有一个上小学四年级的孩子，田村先生因为自己没能从一个好的大学毕业而吃了不少苦，所以每次一想到这，他就觉得不能让孩子以后变得像自己一样。

　　从孩子3岁开始，田村先生就带他上英语补习班，到现在，各种补习班没间断过。而且，他上的那个补习班需要换乘多趟公交车和电车才能到达。此外，补习班周围有很多高级住宅，为了不让孩子在衣着穿戴上落下风，田村先生还给孩子买了不少高档的衣服。还有，由于每天回家比较晚，吃饭的费用也没少花。

　　为了收集一些有关优秀学校的信息，他的妻子还参加了妈妈交流会。这样一来，各项费用加起来，每月的支出超过了20万日元。

由于妻子是家庭主妇，家里的收入只有田村先生的每月40万日元，因此，家庭经济几乎每月都会出现赤字，夫妻二人还用上了自己的存款和年终奖金。因为不知该在未来如何支付这些费用，他们来找我咨询："再这样下去，生活可能就没法维持了。"

家庭经济赤字是教育费用的错吗？

基于之前的咨询经验，我发现很多家庭都会遇到大大小小、各种各样的问题。陷入经济赤字的家庭，教育费用的占比会非常大，生活也因此变得艰难。

比如，以东京的中学升学考试为例，一个学生从小学四年级开始，每周上两次补习班，那么到小学六年级的时候，算上教材费和学费，预计总花费能达到250万日元。

可是，这些费用还不是最终的花费。如果孩子顺利考上了私立中学，之后还会有更多的学费和教材费。

为了能让孩子考学成功，父母都在拼命努力，但未来的花费却从不考虑。结果就是，突然有一天你会发现："呀，这个钱

孩子上学要花多少钱？

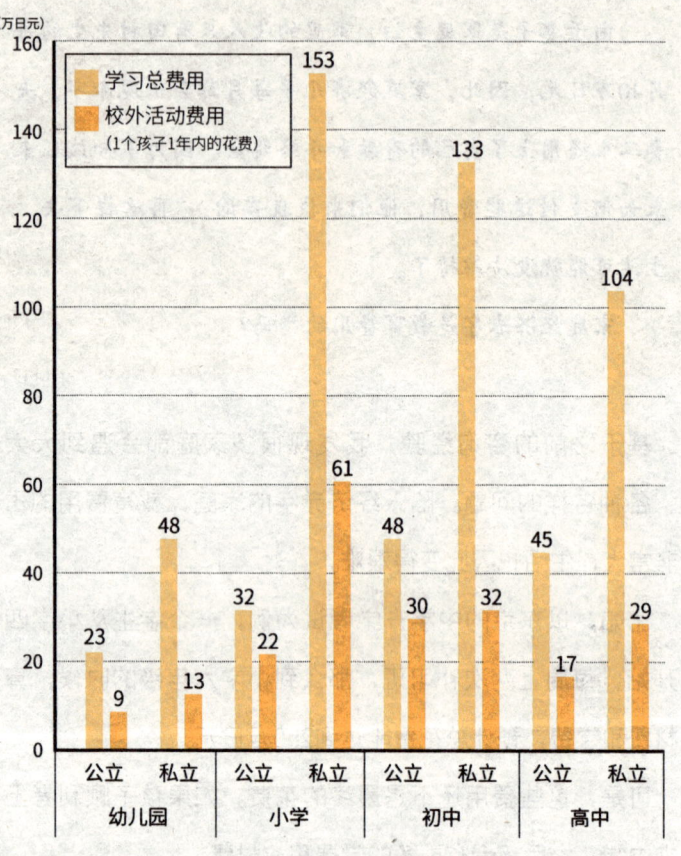

（万日元）

图例：
- 学习总费用
- 校外活动费用（1个孩子1年内的花费）

	公立	私立
幼儿园 学习总费用	23	48
幼儿园 校外活动费用	9	13
小学 学习总费用	32	153
小学 校外活动费用	22	61
初中 学习总费用	48	133
初中 校外活动费用	30	32
高中 学习总费用	45	104
高中 校外活动费用	17	29

*监护人为一个孩子在一年内所支出的学习总费用。

*"校外活动费用"即补习班、兴趣班等项目的支出。

出处：文部科学省《平成28年年度学习费用调查》。

付不起了！"然后就匆忙申请了教育贷款。

一个家庭现阶段已经有了房贷，每个月还要支付人寿保险的保费，要是再加上教育贷款的话，负担就会加重，经济条件也会变得窘迫。

再有，进入中学之后，后面还有高中和大学的升学考试，还有更多的钱需要花。也就是说，教育费用是一项需要长期考虑的开支。

教育费用应该控制在收入的 10% 以内

在我个人看来，教育费用在家庭收入中所占的比例应该在5%～10%之间。

比如，一个人的月收入是40万日元的话，那么其教育费用最多不能超过4万日元。否则，光是教育费的支出就能让家庭陷入困难，经济状况也可能因此惨不忍睹。

因此，为了避免因教育支出而使家庭经济堪忧，我们有必要进行家庭经济结构重组，对于那些过度支出的家庭来说更是如此。他们需要对通信和服装等方面的花费进行预估，为将来可能产生的负担做必要的准备。

田村先生一家人在后来不仅换了价格便宜的智能手机，削减了饮食方面的费用，还让孩子换了一家更便宜的补习班。最后，他们的支出终于控制在了可以接受的范围之内。

📢 家庭理财陷阱

很多家庭都在教育的开支上没有节制，尤其是经济条件较好的家庭，他们更容易犯这样的错误。教育费应该在收入的10%以内，然后再考虑升学等事宜，有计划地进行支出。

CASE 13
替子女还助学贷款，养老的钱可能就没有了

因助学贷款而破产的人在不断增多

文部科学省①等机构的调查结果显示，大学生入学之后的第一学年所缴纳的学费以及其他各项费用，公立大学学生约为84万日元，私立大学学生约为133万日元。

而到大学毕业时的总费用，公立大学学生约为243万日元，私立大学文科学生约为397万日元，理工科学生约为540万日

---

① 译者注：文部科学省是日本中央政府的行政机构之一，负责统筹日本国内教育、科学技术、学术、文化及体育等事务。

元，这样的负担还是相当大的。

此外，父母的收入自从经济泡沫之后，很长一段时间内没有增长，而且生活补贴还有进一步减少的倾向。基于这种现状，有超过一半的人会去申请助学金。

由此，近年来，助学金的返还成了一个不容忽视的社会问题，各机关也开始对一些助学金支援机构进行了回收。

实际上，助学金返还滞后1～3个月时，本人或保证人就会收到敦促返还的通知电话，之后专门负责回收贷款的公司就会进行催缴，还会把当事人的个人信息记录在信用信息机关。

这其中，有很多年轻人的月还款额达到了10万日元，他们的还款早就陷入停滞，并且收到多次催缴通知。这意味着他们陷入了"助学金破产"。

此类年轻人的数量还在激增中。

人物：近藤先生，54岁，男性。

烦恼：孩子们的助学金也不知要还到什么时候才算完。我已经和孩子们谈过了，可现在就是还不起，这样的话，我就要为以后的养老生活发愁了。

情况：年过半百的公司职员近藤先生有三个孩子，一直以来他都毫不吝惜地让他们在补习班和兴趣班里学习。

自从他的第二个孩子开始上大学之后，家里的经济状况就开始变得艰难，而且生活补贴也没有了，所以他只能让第二个和第三个孩子申请助学金。

现在三个孩子都已经独立，且进入了公司工作。但刚开始工作的时候工资很低，他们希望近藤先生能先帮忙还一下助学金。目前两个孩子的月还款额共计为43,000日元。

近藤先生每月的收入为35万日元，这些钱他肯定是能还得起的。

但他目前没有什么存款，以后的存款也很难增加。

所以，基于对养老资金的担忧，他便上门找我咨询，希望我帮忙想一些对策。

助学贷款的还款额

第一种助学贷款（借贷年数为四年）

贷与金额	每月的还款额	还款年数
公立学校·自宅通学者 月借贷额45,000日元	12,857日元	14年
公立学校·自宅外通学者 月借贷额51,000日元	13,600日元	15年
私立学校·自宅通学者 月借贷额54,000日元	14,400日元	15年
私立学校·自宅外通学者 月借贷额64,000日元	14,222日元	18年

第二种助学贷款（借贷年数为四年）

贷与金额	每月的还款额	还款年数
每月30,000日元	11,293日元	13年
每月50,000日元	16,769日元	15年
每月80,000日元	21,531日元	20年
每月100,000日元	26,914日元	20年
每月120,000日元	32,297日元	20年

*自宅通学者：指与父母一起住在家的学生，不住校或自行租房，每日往返于家和学校之间，类似我国所说的"走读生"。与走读生有区别的是，自宅通学者更强调学生与监户人住在一起。

*自宅外通学者：与自宅通学者相反，离开父母家独自在外求学的学生，需要住宿舍或自行租房住。

父母必须要帮孩子还贷吗?

既然是借的,当然要还了。

借贷的时候应该更加慎重一点。

经常有人会说这样的话,可对于那些从大学入学开始就很努力学习的学生来说,大学毕业后会找到一个什么样的工作,又会拿到多少工资,这是一个严峻的问题。

在现在这个阶段,父母帮助子女还助学金的情况不断增多,所以因存款而烦恼的家庭自然不在少数。

而且,近来有越来越多的人不希望自己老了之后麻烦孩子照顾自己。可是,因为帮助子女偿还助学金而导致存款减少,最终不得不让子女来帮助老人,这样的情况也是越来越多的。

如果不想变成这样,那我们就必须早早地为自己的老年生活存下一些钱,可是为了子女的未来,还是在教育上产生了过多的支出,等到发现这一问题时,就已经太迟了。

从这一点来考虑,不仅要增加自己的收入,还要尽早预估了女未来的花费,然后制订一个资金计划。

可是，像近藤先生那样已经快要进入老年生活的人，再做资金计划似乎来不及了。对他来说，除了削减不必要的开支之外，只能暂时先帮助子女偿还助学金。

此外还要定期与子女商讨还款事宜。在未来，等到子女们的收入增加了之后，再全额偿还，这恐怕就是最现实的方法了。

之前，消费者金融的广告里，最后总是会附上一句"请有计划地申请"之类的建议，助学金也是如此，有计划地申请才是最理想的利用方式。

家庭理财陷阱

如果只考虑现阶段的家庭经济，老年之后的资金问题肯定会变得严重，尤其是一些有孩子的家庭，对于将来的费用，必须尽早进行预估，然后制订一个相关的计划。

CASE 14

泡沫经济时期住房贷款的潜在危机

在郊区买了房子，结果……

最近，有很多年纪比较大的人来找我咨询，他们经常说："要是不买那个房子就好了。"而且，有这种抱怨的人在不断增加。在听过他们的经历之后，我发现，他们之间是有共同点的。

在泡沫经济时代之前，房价飙升，很多人都在离市中心较远的郊区买了房子。可是到后来，子女都独立成家，并且与父母分开了。这样一来，父母那里只剩下房贷。这样的家庭非常多。

随着老龄化社会的到来，近来，一股名叫"城市收缩"的城市回归潮不断在加剧。

很多住在郊区的人步入老年之后发现：住的地方离市中心较远，甚至离公交车站还有一定距离，会给生活带来很多不便。而且，之前买的房子还有很多房贷没有还，因此他们也不可能再买新房子，这真的是一个很令人烦恼的问题。

人物：高田先生，62岁，男性。

烦恼：直到现在我都在后悔，我当时为什么要买现在的这个房子啊……

情况：高田先生住在千叶县郊区的一条住宅街上，20多年前，他以6,000万日元的价格买下了一所房子，贷款35年还清。

房子买入后，高田先生感到非常高兴。他觉得这是一条很不错的住宅街，而且房子也是自己喜欢的。然而到了现在，那条街上的居住者基本上是清一色的老年人了。住在那条街上，生活十分不方便。要去电车车站得先坐公交车，商店离家也很远。现在，他的两个孩子都已独立成家，他们都和自己的家人在东京市中心的公寓居住。所以，高田先生家二层的房间一直空闲着。近年来还因为自己上了年纪，上楼也十分困难。

这个房子买入时的价格很高，加上他之前为子女的教育花了不少钱，导致现在的他无法提前还清房贷，每月需要偿还的贷款达到了20万日元之多。

此外，夫妇二人现在都已经快到了退休的年纪，因而他们一直为此而烦恼。

"别人都说人上了年纪生活就会发生改变，可我现在有一大笔房贷没有还，存款也没有多少，所以肯定买不了新房子。我当时买这个房子的时候正赶上泡沫经济，在营业员的推荐下我才买的，可那个时候实在是没想到事情会变成现在这样……"高田先生现在相当后悔。

暂时先不要烦恼，让子女来帮帮忙吧

泡沫经济之后，房价开始暴跌，而在泡沫经济之前买房的人则因此蒙受了巨大的损失。

也就是说，住房的资产价值产生了很大程度的缩水。

因此，这类人想买新房却无力购买，长时间以来为了房贷的问题烦闷不已。

然而，在"失去的二十年"[①]里，工作者的工资不仅没有增加，子女的教育费用还有了明显的上涨。所以，来咨询的人有如此强烈的抱怨，我是能够理解的。

考虑到人们要为自己的老年生活存储资金，在这样的情况下，人们只能缩减开支或者增加收入了。可是，年过60的人想要再增加收入，肯定是不太现实的，因而他们就只能选择减少开支了。

对于减少开支，就像我在前面提到的那样，对家庭经济进行预估，进而压缩支出就可以。当然，这里你必须要考虑居住与生活开支的问题。

为了让自己增加存款，这类费用的占比要控制在三成以内。而高田先生现在的这部分花费占比已经超过了四成。

所以，多出的花费一定要削减掉。

另外，他们最好能去和已经独立的子女们谈一谈，让他们在还贷方面多帮帮忙。

被父母抚养长大，如今已经进入社会的子女们，出手帮助

---

① 译者注：日本经济泡沫破裂后的1991—2010年这段时期，陷入了连续二十年的经济停滞状态，史称"失去的二十年"。

一下有困难的父母是天经地义的。不过，实际情况是，子女们也有自己的家庭，因而让他们帮忙不是一件容易的事。

可以考虑一下反向抵押贷款

最现实的办法，还是要利用反向抵押贷款。

其实很多人都知道，反向抵押贷款就是将自己的房产作为抵押物向金融机关索取一定的资金，抵押人死亡后再一并返还。

利用这种贷款形式，不仅每月支付的利息不会特别高，而且自己还可以多一种选择，即死后将房产出售再进行返还。

举例来说，房贷的余额还有2,000万日元，有了反向抵押贷款后，每月的还款额最多可以减少5万日元。

当然，在这种情况下，高田先生去世后，房产肯定不再属于他，但是他的子女们都已经独立了。而且，这种还贷方法也会避免子女因遗产继承问题而发生纠纷。因而对他来说，这样的选择还是比较圆满的。

但是，要使用反向抵押贷款，需要审查的条件有很多，比如不动产的估值一定要足够高等，所以在使用之前一定要认真分析，如果子女能帮助返还贷款的话就不需要考虑它。不管怎

反向抵押贷款

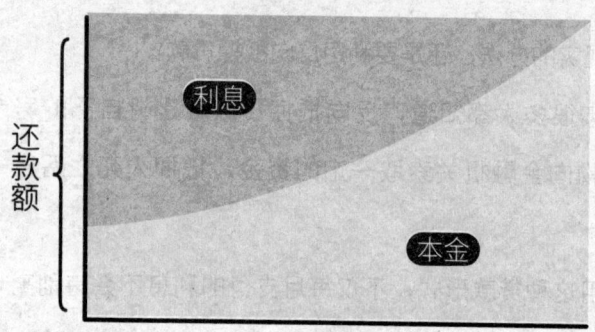

一般的住宅贷款还款
（等息还款）

利息

本金

还款额

还款期间

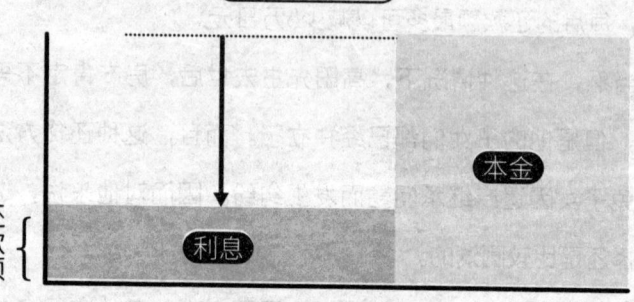

反向抵押贷款

本金

利息

还款额

还款期间

死亡时⇒房产出售完成还款

样，只要是自己无法决定的事情，就要与子女商量，并且参考一下专家的意见，只有这样才能让事情变得圆满。

🔊 **家庭理财陷阱**

　　因房贷而为生活发愁的老年人有很多。自己步入老年之后，有关资金积累方法等问题，一定要与家人尽快商讨。

CASE 15
买房时，与首付贷有关的圈套

有房贷扣除最好，这是一种欺骗

"有人跟我说过，我可以不用付首付，以全额贷款①的方式来买房……"最近一段时间，一部分买房子的人经常会有这样的说法。

---

① 译者注：在日本，只要满足一定条件，就可以零首付买房。但是在我国，根据中国人民银行发布的《个人住房贷款管理办法》，是不允许零首付贷款买房的。虽然本文中零首付与房贷扣除的情况与我国的际情况不符，但我们可以跟着作者的思路，弄清买房首付与贷款中的一些圈套。

这一切都是因一种名叫"房贷扣除"的东西而起。简单说来，它会把年底贷款余额的1%从你的所得税中扣除（扣除金额上限为40万日元，扣除时间为10年）。

也就是说，如果贷款利息为1%的话，这笔贷款会因房贷扣除变成零利息；如果贷款利息为0.7%的话，到最后你还可以赚到0.3%。

初看这种方式，借贷的时候可以没有利息，最多也就是首付的1%或2%，这种购买方式貌似挺好的，无非就是每月的还款额多一点而已，所以全额贷款的话总体来说比较合适……或许很多推销员都会这样说。

然而，问题就出在这里，全额贷款的话，每月的还款额会非常多，因此陷入经济赤字的家庭数不胜数。

人物：木村先生，39岁，男性。

烦恼：现在，我的两个孩子都已经上小学了，可我还在不断地削减教育花费……

情况：公司职员木村先生曾经找我做过咨询。

他的问题的起因，就是有人跟他说过："你可以使用房贷扣除，不用付首付，直接全额贷款就可以买房，这样比较好。"于是他按照朋友说的，使用了房贷扣除，结果就遇到了现在的麻烦。

木村先生此前已经打算要买房子，并且为了买房子攒下了1,100万日元的首付。那个时候，有同事向他推荐了全额贷款买房，说："攒下的首付可以用在别的地方来增加收入，而且要是能在扣除有效期间内提前把房贷还清了，那岂不更好？"

此外，这样不仅可以进行无利息贷款，还可以在10年的时间里得到一定程度的税金返还，甚至可以通过理财来让攒下的存款增加。基于这些因素，木村先生毫不犹豫地同意了。

可是，后来他注意到，自从使用了全额贷款买房后，不知为何自己原本用来当首付的存款在一天天地减少。

这让他觉得十分不妙。他还拿存款去买了理财产品，如储蓄型人寿保险，一次性花了700万日元。但这是外币计价的保险，10年后会变成什么样，他现在也不清楚。

结果，他的生活费明显不够用了，因此，他不得不动用剩下那部分计划用来当教育资金的400万日元存款。

木村先生说："我本来打算将存款的一部分用在孩子的教育上，然后在贷款期限内，我努力一点，提前把房贷还清，没想到……"

木村先生最终没能隐藏住他那失望的表情。

全额贷款会让还贷负担加重，生活压力加大

为什么事情会变成这样呢？实际上，如果一个人使用了全额贷款，那么他每月的还款压力就会加大，最后，家庭经济就会面临赤字，这是主要原因。

这样的家庭，绝大多数都没有把贷款控制在收入允许的范围内，所以造成这种情况是必然的。而且，这些人当中的大多数，只是了解到这里面有返还税金这一项，他们觉得，只要不忘记在购买房屋的那一年提交纳税申报表，到第二年年底调整后，税款就会被退还。

而且，还有不少人认为：金钱的计算工作有专门的人员帮我们做，我们只需要等它自动退还就行了。有了这种比较轻浮的想法，未来的经济状况自然会很危险。

所谓的提前还清，就是以压缩生活费来减少月还款额

对于陷入这种麻烦的木村先生来说，了解在扣除一部分贷款后，返还的税金也会越来越少，今后能够采取的对策有两种，一是提前还一部分贷款，使每月的还款额减少，二是在还贷的过程中减少自己的生活费。

不过，我个人不建议选用提前还一部分贷款使每月的还款额减少这种方式。原因是，如果不能返还特别多的金额，每月的还款额是不会明显减少的。

况且，像木村先生那样还房贷还了没几年的人，最好通过缩短期限来提前还款，这样一来，相比10年或20年之后才开始这样做的人，不仅可以缩短期限，还可以减少还款额。

现在，希望能够早点儿还完房贷的木村先生，已经和妻子商量好要压缩生活费了。当然，他也和孩子们商量了这些事情，希望能共同努力渡过难关。

从那时开始，木村先生的存款就基本没有再减少，并且还在为了让存款增多而不断努力着。

所以，不好好斟酌他人的推荐，随随便便地相信别人，这就是失败的开端。

提前还贷与负债额

前　提

○借入：3000万日元　　○期限：35年

○方式：等额本息式还款　　○利息：固定利息2.5%

如果每年提前还40万日元的话……

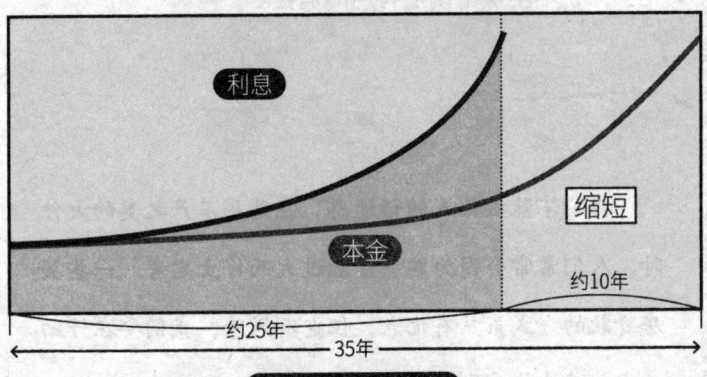

利息

本金

缩短

约10年

约25年

35年

住房贷款支付总额

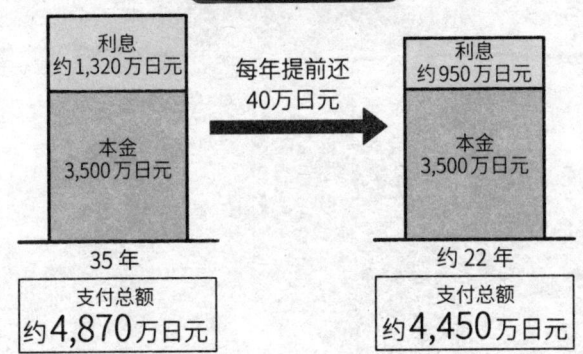

利息
约1,320万日元

本金
3,500万日元

35年

支付总额
约4,870万日元

每年提前还
40万日元

利息
约950万日元

本金
3,500万日元

约22年

支付总额
约4,450万日元

总共可以减少370万日元

在采取实际的行动之前，我们不仅仅要看到其中的优点，如果不能考虑到其中蕴含的风险的话，我们会吃很大的亏。

而且，与上面那些事例中没有购买资金直接全额贷款不同，努力挣钱增加存款才是正确的用钱之道。我们一定要认真学习相关知识，坚决不搞没有用的消费。

📢 **家庭理财陷阱**

我们不能被他人的话迷惑，在购买房产之类的大件时，人们常常会因为购买金额过大而停止思考。一些买房贷款的方式虽然有优点，但也有风险，我们要在仔细考虑之后才能采取行动。

CASE **16**

没有深思贷款形式，而让自己无限后悔

只需要你支付差价的差价设定贷款

大家都了解很多汽车购买的方法，而在所有形式的车贷中，有一种名叫差价设定贷款的贷款。它是指，车辆购买时的价格减去3年或5年后的预估价格，所得的差价为买主需要分期支付的金额。

这种形式，不仅其月返还额要比一般的车贷形式低，而且还能借此换购一辆新车。

简单说来，你可以在3年或5年后在同一个汽车零售店里使用贷款余额换购一辆新车，也可以把之前没有支付的部分补交

上去。

这类零售商所针对的消费者，基本都是在一段时间内还打算买新车的人、为了迎合提高或降低生活档次而换车的人，以及既想减少月还款额，又想买到一辆高档次汽车的人。

可是，有很多人没有仔细了解其中的玄机就使用了这种贷款，结果3年或5年后就开始后悔了。

人物：森本先生，41岁，男性。

烦恼：我这辆车现在的价值比当初的估价要低，不足的部分他们要求我补上。我本来打算把这辆车还回去换一辆新车的，可现在又摊上了新的贷款，无论怎么想我都觉得这是一种损失。

情况：公司职员森本先生三年前使用差价设定贷款买了一辆车。

有人跟他说，现在利息很低，你大约只需要支付车辆原价的一半，不仅可以贷款支付，还可以随时换一辆档次更高的汽车。于是，他就购买了一辆心仪已久的汽车，价值300万日元，这个价格比他自己的购车预算高了不少。

不需要支付首付，每月的还款额还比一般的贷款少，他觉得这样不会有什么还款压力，以后换购车辆的时候还有很多车型可以选择，这样的生活方式着实不错。

买了这辆车之后，十分喜爱驾驶的森本先生，经常开车带着他的爱犬到处游玩。爱犬眺望远处的风景，自己感受着从耳边刮过的风，这种感觉真的很好。

过了三年，约定的期限到了，森本先生再次找到零售商，却被告知现在该车的价值比当初预估的要低，而差价则需要森本先生补齐。因而他感到十分困惑："当初说的不是这样啊！"

可是，为什么会变成这个样子呢？

这种贷款形式可以让零售商和信贷公司都盈利

不仅仅是森本先生，还有很多人因为这种贷款方式遇到了麻烦。原因就在于，森本先生事先并不真正了解这种贷款形式的构成。

普通的车贷，需要买家对包含车辆本身价格和其他各项费用在内的总金额（利息为5%）进行分期支付。

而差价设定贷款则是先预估一下该车辆三年后的价格，然后买家只需通过贷款支付两种价格之间的差价。

也正因如此，这种车贷的总额比普通车贷少，每月的还款额也会减少，给人一种很划算的感觉。而且，有很多汽车公司还设定了特别利息，因而其利息也不高。

单看这些，它貌似是一种为消费者着想的贷款，但事实并非如此。通常情况下，一辆新车，用户一般可以使用10年。而差价设定贷款的使用者则可能需要在3年或5年后就换购一辆新车，这就是零售商意图通过刺激买家换购新车来进行盈利。也就是说，这是一种引诱消费者的方式。而且，不仅仅是贷款本身，买家暂未支付的那部分金额也是有利息的，这样一来信贷公司也能赚到钱。这样的车贷形式，是可以让零售商和信贷公司有利可图的。

其弊端还不只有上面这些。这种贷款还给所购买的车辆规定了行驶里程，一旦超过了这个规定值，是要额外收钱的。如果该车发生过事故、有过修理，也要多收费，就连汽车有污渍或异味也会加收费用。

如果车主对车进行过改装的话，零售商会要求车主将其恢复原状。

另外，当一辆车在购买之前是热门车型，返还时热门程度下降时，其实际价值就会低于当初的预估值。

决不能单单因为还款额少就盲目选择

我们再看森本先生的情况。首先，汽车的行驶里程已经超过规定值。然后，由于经常在狭窄的道路上行驶，车身有很多细微的伤痕。而且，由于经常和爱犬同乘一辆车，自然免不了有一些异味。

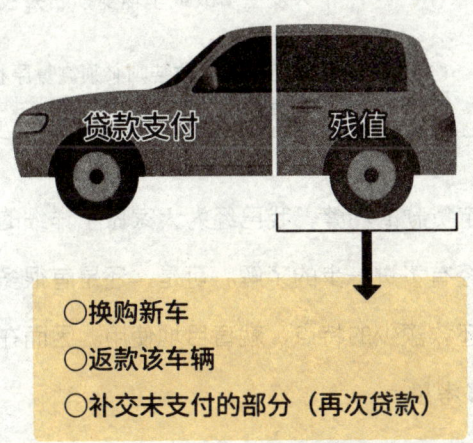

差价设定贷款是什么？

贷款支付　　残值

○换购新车
○返款该车辆
○补交未支付的部分（再次贷款）

由此，这辆车的实际价值已经低于当初的预估值，零售商就会收取额外的费用。

最后，也因为被多收取了费用，之前攒下的换购新车的首付肯定要减少，而为了购买新车，就不得不面临多项贷款。

差价设定贷款的利弊

利	弊
○每月的还款额较少 ○维护、车检的费用低	×三年或五年内必须换购新车 ×行驶里程超过规定后会被额外收取 　费用 ×发生事故或车辆受损后会被额外收取 　费用 ×如果有过改装则必须恢复原状 ×非热门车型的后期价格会低于预估值

差价设定贷款的利弊，我已经为大家做了详细的介绍，相信大家也已经有了进一步的了解。可是，还是有很多人只看中利息低和月还款额少的特点，就盲目地使用。因而在购买新车时一定要多多考量。

家庭理财陷阱

零售商要是不赚钱的话，他们是不会提供这种贷款的。轻易地认为它很好，然后就使用，最终人们总会后悔："当初说的不是这样啊！"因而，对于各种贷款形式的利弊，我们一定要认真思考。

CASE 17
自由职业者的个人所得税和社保滞纳的误区

虽然借贷可以整理，但交税永远是你的义务

"我被税务署催缴滞纳的个人所得税，为此我感到很烦恼。"

在找我咨询的人里有很多自由职业者，他们经常会遇到类似的困难。

咨询的内容是关于借贷的，根据不同的状况，再考虑到偿还债务的问题，理论上是可以解决这些问题的。但是由于滞纳关系，尤其是税金，这方面就变得十分困难。这样一来，他们不仅无法偿还债务，还要缴纳个人所得税。

对于脱离职业体系的自由职业者来说更是如此，他们对税法和社会保障体系了解得不够。原因就是他们在做全职工作的时候，需要缴纳的款项都从工资里扣除了，不需要他们再专门缴纳。

人物：木村先生，47岁，男性。

烦恼：税务署的人突然有一天联系我，说要我缴纳之前滞纳的500万日元税金，我现在很烦恼，不知道该怎么办……

情况：木村先生四年前从公司辞职，成了一名自由职业者，他现在因为税金的滞纳而烦恼。

刚开始做生意的时候，一切还是比较顺利的，收入比他在公司做职员时多了不少。虽说每个月的收入参差不齐，但平均下来每月也有60万日元。

可是，后来随着花销不断增加，虽然收入比以前多了，但他的存款却在渐渐减少。到他来找我咨询的时候，存款就只有50万日元，500万日元的税金显然无力缴纳。

而且，木村先生还有两个上小学的孩子，一个三年级，一个一年级，他们的教育资金必须要准备。考虑到未来的老年生活，他还必须要积攒一些养老的钱。但是，他每月的收入基本都花光了。

没有存款，老年破产

就这样，很多离开公司的自由职业者，连个人所得税的申报都不知道，直接就没头没脑地去做了自己想做的事。

在公司里，这些工作会由专人帮你完成，因而不用自己操心，可一旦脱离了公司，且税金滞纳的话，就会产生一定的延滞税（滞纳金），而且滞纳的时间越长，延滞税就越多，我们必须要了解这一点。

还有，不仅仅是忘了交税，还有不少人连社会保险费也没交。

首先，针对这一点有一些相关政策。在2018年10月之前，人们可以补交过去五年所滞纳的这类费用，这种制度称为"后纳制度"，而现在，可补交的时间范围缩短到了补交日期的前两年。当然，如果出现社保未缴纳的情况，那么当事人能够领取的养老金就只有在公司工作期间所缴纳的那一部分。[①]人到老年，没有存款，养老金也很少，那么我们也就不难想象为什么有些人会老年破产了。

到了这样的程度，重新考虑自己的经费问题只能帮你稍微减少一点税，除此之外你需要做的，就只有制订一项关于日后的纳税计划，通过减少支出来补缴税金。

为了木村先生未来的老年生活，他一定要压缩一些比较奢侈的高额消费项目。税、养老保险和医疗保险，都要进行缴纳。而且，如果不攒钱，将来孩子的教育开支也会很难应付。此外，让自己的妻子出去工作，以此来增加收入，也是一个值得考虑的选择项。

大多数的自由职业者，经常无法将工作经费和生活费进行区别对待，以至于难以控制自己的支出。

比如说，有些人把自己的家当作工作场所，他们或许知道要把房租和水电暖等方面的生活费用与工作费用做出区分和分

---

① 译者注：日本的社保制度与我国的略有不同。在我国社保可补缴24个月，同时要缴纳滞纳金。另外，在我国养老保险要缴纳15年以上，到达退休年龄后才可领取养老金。具体详情可咨询当地的人力资源和社会保障局。

类，但在实际支出的时候却什么都不管不顾，结果自己的经济状况就出现了问题，这样的例子绝对不在少数。

遇到这种情况，我们要先把工作上的经费放在一边，并将现阶段的生活费用与其他费用分开进行预算和管理，只有这样我们才能脚踏实地地改善我们的家庭经济条件。

要是公司不给你缴纳社保，你的养老保险金就是 0

在那些来找我咨询的人里，有一位自由职业者，他已经年过50岁，可从来没有做过任何的申报。根据税务署的统计，他滞纳的税金已经超过了1,000万日元，而且这些税必须要补交。

此前他所在的公司比较小，根本没有为其缴纳过社保，从那个时候到现在他没有缴纳过任何保险。那么，他到退休年龄时，就没有退休金可以领取，也不能享受退休职工医疗保险。

不仅如此，从现在开始，往后的5年，他每个月还必须要缴纳20万日元的税金。当然，他可以使用自己的存款，但是这样的话他的老年生活就很可能得不到保障。所以，自由职业者一定要仔细斟酌个人所得税和社保的问题。

为了保障老年生活，自由职业者应该做些什么？

1 缴纳个人定存养老金

月缴纳金：5000日元~68000日元

缴纳下限为5000日元，之后以1000日元为单位逐步增加

加入之后

⇒在60~70岁之间的任何时候都可以申请领取补助金

⇒月缴纳金会从你的收入当中扣除，因而所得税和居民税更低

⇒你可以选择每年领取一次，也可以选择一次性全额领取，当然税费扣除的对象也不相同

2 加入小规模互助制度

月缴纳金：1000日元~70000日元

缴纳下限为1000日元，之后以500日元为单位逐步增加

加入之后

⇒月缴纳金会从你的收入当中扣除，因而所得税和居民税更低

⇒你可以在年末一次性缴纳

⇒在没有到期的情况下，因解约，停止自由职业等原因而终止的，所领取的补助金（共济金）金额不同

只要加入了这两项，就基本没什么问题了，如果有多余资金的话，还可以加入NISA（日本个人储蓄账户，Nippon Individual Savings Account）。

这里，为了保障自由职业者的老年生活，我要推荐一下个人型确定年金iDeCo和小规模互助制度，详细信息见上图。①

> 📢 **家庭理财陷阱**
>
> 税金的缴纳虽然也是一种支出，但自由职业者一定要将工作资金和生活资金分开，否则经济就会遇到大问题。生意固然重要，但我们也要对家庭的支出有一个清晰的认识，进而进行严格管理。

---

① 译者注：本文介绍的是日本对自由职业者的一些保障制度。虽然与我国的情况不尽相同，但我们可以参考作者的思路，做一个适合自己的规划。在我国，社保是由单位和个人共同缴纳。若是以自由职业者的身份缴纳，则需要自己承担单位部分的费用。全国每个省市的社保政策都有差异，具体情况需要咨询当地的社保机构。

第三章

令人困扰的投资生活

CASE **18**

想要存更多的养老金，结果陷入投资的大坑

老年的生活资金，有必要存 1 亿日元吗？

在日本，老龄化社会的问题越来越严峻，无论走到哪里，你都能听到一些人在说："老年生活的资金要1亿日元①才够。"

每次听到这样的话，人们都在感慨："我哪能攒下这么多钱啊！"

举个例子，一对60岁的夫妇，到了退休的年龄，假设他们在90岁时去世，那么，在这期间，如果每个月的生活费是25万

————————

① 约合人民币655万元。

日元的话,一年就是300万日元,30年就是9,000万日元。

再加上应急资金(假设500万日元),以及自己死后的丧葬费,这样考虑的话,老年生活的资金确实需要至少1亿日元。

受到这种观念的影响,证券公司和资产运作公司等金融机构都积极地开了相关研讨会。这些研讨会都在强调,要是攒不够1亿日元,以后的生活会很艰难,然后就开始推销投资类的金融商品。

可是话说回来,人们真的有必要积攒1亿日元吗?不好好思考这个问题,就参加各种投资研讨会,导致生活遭遇困难的人,真的很常见。

人物:山冈先生,46岁,男性。

烦恼:要保障自己的老年生活,就得攒下1亿日元,为此我每月攒下7万日元,买了一个收益率为8%的投资产品。

情况:山冈先生住在市区,某个星期天,他参加了一个投资研讨会,然后有人就给了他这样的建议。从这开始,他的烦恼就没停过。

除了山冈先生本人之外,他的家里还有一个44岁的妻子，一个上高二的儿子和一个上初三的女儿，他们四个人共同生活。他的月收入是36万日元，而这些收入，除了一部分被储蓄起来之外，其他的钱都用在生活开销上了。

为了应对这个问题，他不仅取消了孩子的一些补习班，控制了在外就餐的档次，削减了购买新衣服和家庭旅行的支出，而且子女的零用钱被减半，夜宵之类的基本取消，就这样努力地节约一切费用。

可就算这样，每月他们也攒不下7万日元，而且，"虽然还有380万日元的存款，但是我们无法再支付每月的子女课外教育费，为生活费几乎都不够了。就算是加上我的退休金，我到老的时候也攒不下一亿日元"。

基于这样的烦恼，山冈先生前来咨询。

生活本来就很拮据了，为何还要不断投资？

这样的研讨会，虽然不能说所有的内容都是关于投资的，但投资依然是研讨会的主题。

研讨会的主办方并不是为了帮你解决家里的经济问题，而是借助你对老年生活的不安来强行推销金融产品。

山冈先生遇到的就是这种情况。生活本身就已经挺不容易的了，可还是进行了这种高风险的投资，因此家庭经济条件不可避免地陷入了困难。

而且，家里还有两个需要教育资金的孩子，这样的投资行为，无疑给家庭增添了负担。

金融机关的猎物一般有两类，一类是过于认真的人，一类是投资小白。

过于认真的人，当听到"有必要攒下一亿日元"这种说法时，他们就会立刻想要为自己退休后的生活做准备。就算有人劝说："一亿日元不一定非常有必要，为何不在条件允许的范围内考虑呢？"他们也不会相信的。

这类人，只要一预感到自己的经济条件会出现问题，就会尽最大努力克服这个问题，于是，向他们推销金融产品自然就很容易。

至于另一类人——投资界小白，他们总是简单地认为，金融界专业人士推荐的金融产品绝对不会错。而山冈先生就是一个对金融丝毫不了解的小白。这类客户很容易被欺骗，进而成为研讨会上的猎物。

那么，为了不掉进这些陷阱，我们该注意些什么呢？

相比投资，我们更应该注重当前的生活资金

就现在来说，最重要的并不是为了老年生活所进行的投资，而是与眼前的生活息息相关的资金。比如说，疾病感染需要高额支出，或者离职失去收入等情况，我们需要为此积攒下一些生活保障资金。

减少支出，为自己攒下生活保障资金

减少支出的三个方法

🍴 控制饮食费用

📱 降低通信费用

❤️ 提前规划生命保险

但是，要注意，不要让自己的
生活因此变得一团糟

如果要进行投资，则必须要保证，自己的生活保障资金足够，且拥有多余的钱来满足自己的投资条件，这种前提一定要满足。

但是，最近的利息比较低，要是通过攒钱来等待投资机会的话，恐怕很多人这辈子也无法进行投资。

所以，在积攒生活保障资金的同时，我个人认为，如果认为自己可以进行一定的投资了，你可以选择一些风险较低的金融商品。

比如，一些手续费较低，具有自产分配功能，并且可以分别投资的储蓄型信托投资，就是比较适合你的一类。

后来，山冈先生压缩了自己的开支，每月可以节余四万日元的多余资金。就这样过了半年，生活终于稳定了下来，而且由于每月会有一些多余的资金，于是他把其中的两万日元存了起来，并拿出了两万日元存到信托投资中，以此来使投资和储蓄一并进行。

要想通过投资来增加收入，就必须意识到投资前准备的重要性，并要养成一些可以长久维持的良好经济习惯。

正如山冈先生所说的那样："我再也没有受到研讨会的蛊

惑，去无脑投资一些所谓的高回报金融产品，对我来说，这样确实更好。此前因为那些不合理的投资，我们家不仅经济上遇到了困难，家庭成员之间的关系也变得紧张。"

📢 家庭理财陷阱

那些投资研讨会，虽然可以作为参考，但不要觉得因为是投资界专业人士的建议所以绝对没错，而盲目地相信。在投资之前，一定要积攒足够的生活保障资金，盲目投资会使家庭经济崩溃。

CASE 19
憧憬亿万富翁，沉迷虚拟货币，结果存款耗尽

亿万富翁已经是过去式了吗?

这里的虚拟货币，是指比特币。在2018年一年的时间里，它的价格疯涨了20多倍，受到了全世界的关注。

因为其高昂的价格获得了很大的关注，有不少人认为会有很多人购买它。

但是，一旦比特币价格下跌，买家会蒙受巨大的损失，而且，此前日本加密货币交易所Coincheck发生过严重的盗币事件，价值约580亿日元的新经币被黑客盗窃，导致出现了很多受害者，其风险可想而知。

在创作本书期间（2019年3月）， 比特币的价格与之前相比，变动并不大，但还有很多人对虚拟货币产生了浓厚的兴趣，万一投资出现差错，经济损失就肯定无法避免。

人物：冈田女士，34岁，女性。

烦恼：经常听到亿万富翁的故事，感觉他们很厉害，我也很想像他们一样，体验一把当亿万富翁的感觉，但结果却与想象相反。

情况：公司职员冈田女士之前听过很多关于亿万富翁通过投资虚拟货币赚大钱的故事，于是开始了对虚拟货币的投资。

冈田女士认为，要投资的话就选比特币，所以后来她购买了0.001个。当时比特币的价格是每个140万日元，因而冈田女士的购入金额为1,400日元。当时她觉得，这点钱就算是损失掉，自己也不心疼。

随后，比特币的价格便不断上涨，先是涨到一个170万日元，后来又涨到一个220万日元。

这下，冈田女士认为，自己肯定能赚一笔了，照这样的趋势，每次花费2,000日元，自己可以净赚600日元。

"赚钱原来这么简单啊，要是再多买一些的话，我可以赚更多……"

可是，这就是噩梦的开始。

后来，冈田女士越买越多，最后，其130万日元的存款，大部分都买了虚拟货币。

然而，就在这时，虚拟货币的价格开始暴跌。

到这个阶段，果断放弃的话肯定会将损失降至最低，可冈田女士认为价格还会再次上涨，因而她继续保留所购买的比特币。

结果，比特币的价格从每个110万日元降到了每个79万日元，她损失了35万日元。

要投资，得先攒下7个半月的收入

基本上，在投资开始之前，算上以防万一用的生活保障资金，你的存款需要达到你7个半月的收入。

对于投资的对象，就像我在前面一个事例中说明的那样，在保证存款和投资可以同时进行的前提下，去选择一些风险较低（但回报率可能也比较低）的储蓄型投资项目。

另外，投资时不要一次投入过多的金额，并且对于投资商品的特性、买卖时机、投资的风险等各个方面，需要进行仔细的研究。

如果说，冈田女士能够在有一定相关知识积累的基础上，再进行对虚拟货币的投资，或许她就不会遇到现在的窘境了。

单纯地以赚钱和增加收入为目的，然后就不管不顾地入坑，这是一种不聪明的表现。所以，我们不能有别人能赚钱，那我也能赚钱这样简单的想法，我们必须要对其中蕴含的风险有一个清晰的认识。

由于现在抛出的话会遭受巨大的损失，于是冈田女士选择按兵不动，暂时先保留购入的比特币。

之后，比特币的价格涨到了每个82万日元，此时，冈田女士终于将其抛出，由此挽回了一部分损失。

在这次吃过亏之后，冈田女士表示，以后再也不想碰虚拟货币了。此外，她也决定，依靠存款先稳定下来，未来再慢慢想办法增加收入。

不存在短时间可以赚钱的投资

对虚拟货币抱有幻想的人不只有年轻人。

之前找我咨询过的人里，有不少已经退休的人利用自己的

投资要考虑长期情况

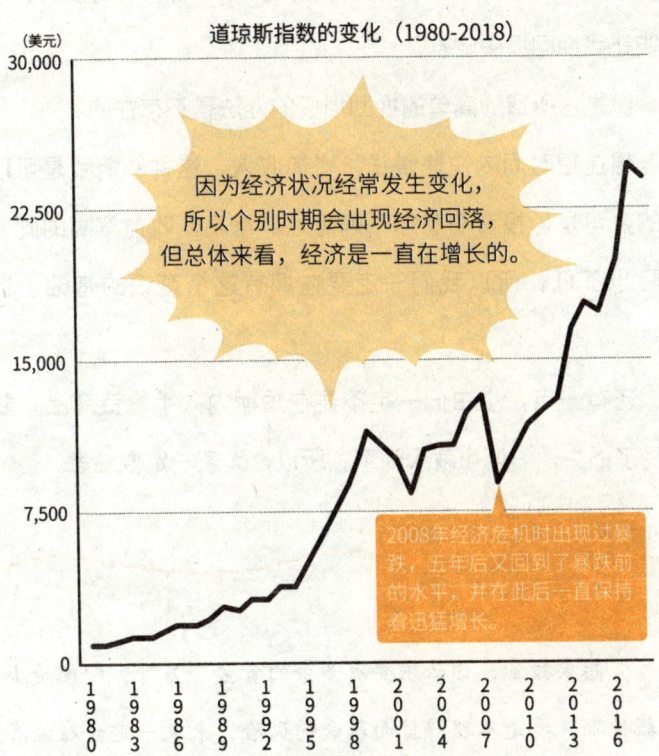

道琼斯指数的变化（1980-2018）

因为经济状况经常发生变化，所以个别时期会出现经济回落，但总体来看，经济是一直在增长的。

2008年经济危机时出现过暴跌，五年后又回到了暴跌前的水平，并在此后一直保持着迅猛增长。

变化可能会反反复复，但仍要耐心等待。

而这，就是成功投资的窍门。

什么商品可以长期保有？

信托投资！

退休金对虚拟货币进行了投资，但其中，大部分人损失达到了300万～500万日元，到最后他们纷纷跑来问我："有没有什么办法能让我挽回损失呢？"

可是，所谓的简单的挽回损失的办法是不存在的。

想在短时间内快速赚钱，增加收入，这种心情我是可以理解的，可是，投资商品的不确定性非常高，收益率高的同时，风险也不低，所以我们一定要在拥有这个意识的基础上进行投资。

还有一点，小白们一定不要在短期内入手投资商品。要是遭受了损失，一切可就太晚了。所以，大家一定要注意。

📢 **家庭理财陷阱**

想要投资，你必须要有多余的资金。另外，即便是小额投资，要是不理解里面蕴含的风险，未来一定会在经济上遭遇困境。而不具备相关知识的新手则更应该注意。最后，投资一定要长远考虑。

CASE 20

害怕受到损失而从来不投资

喜欢储蓄的日本人

日本人相当喜欢储蓄，据调查，2017年日本国民（两人以上的家庭）储蓄与年收入的比率已经达到了293%。

虽说国家一直在说从储蓄转向投资，银行窗口信托投资的买卖已经解禁，而且股票买卖手续费自由化等各种缓和政策也已经实行，可个人的资金并没有流向市场。

通过成功的投资来使自己的资产增多的人确实存在。从前的确有过通过定期存款的利息来增加资金的时代，但随着金融缓和政策的实施，零利息政策作为其中的一部分，如果继续实施下去，定期储蓄肯定无法再为你增加存款了。

可是还有很多人抱着这样的想法：要是投资股票市场让自己受到损失就太恐怖了。所以他们的存款就没有动，一直在银行里存着。可这样是没法增加存款的，如此一来，老年生活的资金就无法顺利地攒下去。

人物：木下女士，52岁，女性。

烦恼：虽然别人都在劝我，但是一想到投资，我就觉得很可怕，股票之类的东西，要是赔了，不是很糟糕吗……

情况：木下女士把丈夫的工资和奖金都存在了银行里，其中的一部分被用在了定期存款上。

这时，夫妻两人都在打算为自己的老年生活积攒资金。可后来再看一眼存折才发现，里面的钱基本没有增加。

木下夫妇平时生活比较节俭，花钱从不大手大脚，可即便这样，自己的存款一点没有增多，这让他们心里很没底。由此，木下女士也在烦恼："要是当初投资一些股票或信托就好了。"

可是，到现在他们也没有什么投资经验。往什么方向投资，怎样投资，该投多少钱，这些问题她都不知道。

后来，她选择了一家证券公司，可一说要开账户，她又担心这样会很麻烦，基于这种想法，投资一次又一次地被搁置。

投资很危险，会受到损失？确实没错

当然，我绝不是在否定储蓄和存款，毕竟他们也是投资本钱的来源之一。而且，与进行一些"怪异"的投资相比，储蓄和存款绝对要安全得多。

但是，就像前面说的那样，现在的存款几乎都没有利息了，再坚持这种"衣柜存款"①的话，资金肯定不会变多。

所以，民众固有的投资太危险、投资会有损失这类想法，显然是错误的。

不认真地学习相关知识，然后进行错误的投资，肯定会遭遇极大的损失。

---

① 译者注：日本百姓喜爱在家里藏钱，人们戏称此为衣柜存款。

初次投资者应从信托投资开始

信托投资

◆ 专家将投资者的资金汇集起来，运用（投资）到国内外的债券，股票，不动产等项目之上

◆ 投资盈利的部分，会按照投资额的比例来分配给投资者

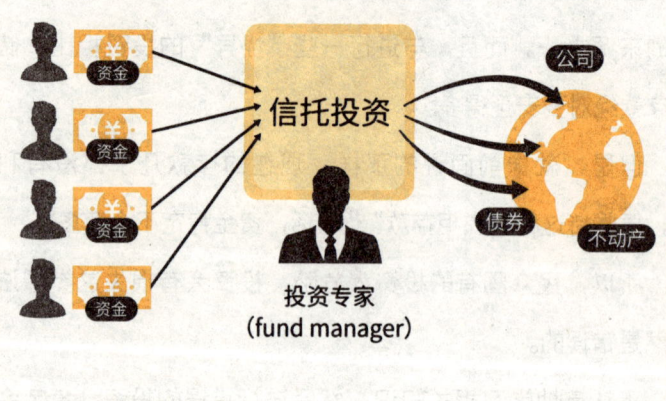

　　不过，虽然投资有风险，但如果能好好把握风险，并将资金控制在家庭生活可承受的范围内，它就不会是一项危险的活动。

　　选择投资商品的方法会在后面叙述。如果你的资金不多，没有多余的钱，那么我推荐你去选择一些储蓄型的信托投资，它允许进行小额投资，并且在储蓄的同时，可以有效抑制家庭经济的负担。

　　再有，我想说一下分散投资。在一些比较极端的情况下，假如有人把所有财产全部投到了某一只股票上，并且该股股价大跌，那么这个人基本上就算是完蛋了。

　　我经常跟别人说，最好去选择一些包含逆相关关系的股票和债券，或者日本国内或国外的项目进行投资。这样的话，就可以避免一些较大的损失。

　　以后，教育资金和养老资金的积攒也不是那么容易了。如果有信托投资的话，你就可以进行一些额度在3,000日元的小额投资，所以大家可以酌情尝试一下。

> **家庭理财陷阱**
>
> 　　对不甚了解的投资领域，我们确实不能盲目出手。不过我们还是可以做一些小额投资，这样不仅可以积攒经验和知识，还可以让自己的积蓄有所增加。

CASE 21
为老年生活积攒过度，生活因此陷入困难

存钱的目的是什么？

之前我说过很多次，大多数人存钱的目的，基本都是为了教育和养老。

然而，还有相当一部分人，为了未来的生活，选择牺牲现有的生活来进行储蓄。

为了未来而积攒资金，这种做法肯定没有错，可现阶段生活的平衡也是十分重要的。要是没有这种意识，那就会为了存款而过度节俭，进而造成生活困难。

人物：酒井先生，45岁，男性。

烦恼：再这样下去，我恐怕就要孤独终老了。为此，我开始为以后的老年生活积攒资金，可即便这样，到后来我也基本没有什么可以利用的积蓄了……

情况：酒井先生今年45岁，目前依然单身，因为担心以后的生活，所以他从年轻时就开始攒钱。

可是，到现在，他手头已经没有可以利用的存款了。据他自己所说，他为了未来的生活，使用了多种储蓄方式。

最开始的时候，他选择了企业型确定年金。这样一来，公司不仅可以帮他缴纳手续费，而且期间还是免税的，领取时税金也会被扣除。此外，这部分资金在60岁之前无法使用，他就认为，这其实就是自己的养老资金。

除此之外，酒井先生还选用了财形储蓄（定期储蓄的一种，非特定理由不可取用）中包含免税制度的住宅财形。他觉得，这样可以在他年轻时攒下未来结婚买房子的钱。

我作为这方面的专家认为，这些对一个人来说已经足够了。可是酒井先生在一两年前，因为银行存款已经没有了利息，而又购入了储蓄型信托投资。

　　另外，可以长期利用的免税储蓄NISA，他也入手了，其本人认为，这也是一个有效储蓄的方法之一。

　　"拥有这么多优点，不去利用才是损失。"由此，酒井先生的储蓄总额，已经达到了1,200万日元。可因为这种过度储蓄，他的收入几乎都转移到了他的储蓄项目里，生活费出现了短缺。

无法应对紧急开支的储蓄没有任何意义

　　酒井先生的储蓄状况大致是这样，每月的收入在被企业型确定年金和财形储蓄扣除后，还剩17万日元。此外，他要为老家的亲戚寄去3万日元，储蓄型信托投资（非NISA金融商品）要收取2万日元，NISA要收取3万日元，这样一来他只能利用剩下的9万日元来应付饮食、交际、服装等方面的开销。

　　他的情况，说起来大致就是为了未来的生活，现阶段的投资活动过于积极，与之前提到的木下女士恰好相反。

　　现在，国家一直在鼓励民众进行从储蓄到投资的转变，因而近来很多针对个人投资的优惠政策开始不断涌现。

　　止因如此，像酒井先生一样，抱着不使用这种优惠才是损

资产的分配应该是这样的！

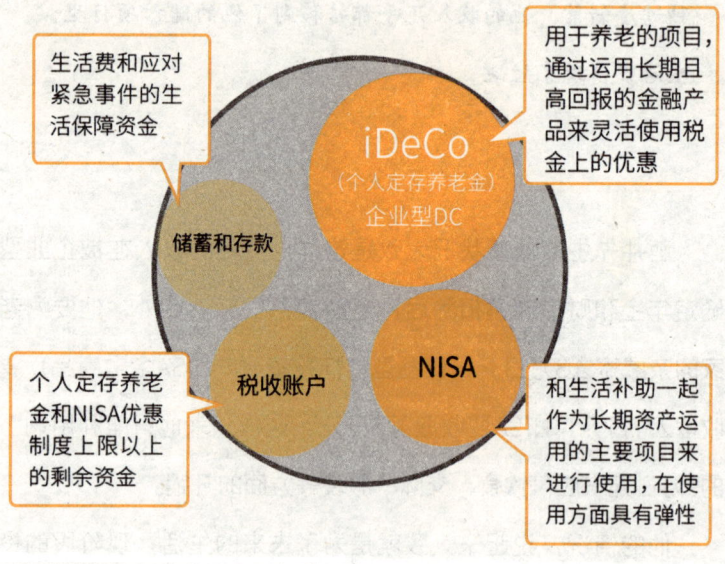

生活费和应对紧急事件的生活保障资金

用于养老的项目，通过运用长期且高回报的金融产品来灵活使用税金上的优惠

iDeCo
（个人定存养老金）
企业型DC

储蓄和存款

NISA

个人定存养老金和NISA优惠制度上限以上的剩余资金

税收账户

和生活补助一起作为长期资产运用的主要项目来进行使用，在使用方面具有弹性

失的想法，入手各种投资项目的人也越来越多。

可是，利用各种制度存储起来的资金，有可能必须要在非出售时机期间进行出售，而且如果储蓄时间较短的话，也可能享受不到它本该有的一些好处。

此外，因为它不允许客户随时取用资金，所以，如果没有存款的话，当自己或家人发生紧急状况时，当事人可能无法迅速处理。

所以，虽然投资并储蓄的金额比较高，但这有可能最终让你陷入一种必须进行借贷的本末倒置的处境。

要是无法应付紧急的开支，你的储蓄就会变得毫无目的。相比老年生活，我们更应该注重当下。

学习不误储蓄工

对各种储蓄优惠制度，我们需要做的，是事先对各种制度进行一个深入的了解，然后再加入。

就像前面提到的，各种制度在表面上相似，其实有着很大的不同，里面包含着各种各样的利弊。哪种制度适合自己，大家一定要仔细研究。

最不可取的就是抱着一种反正不会吃亏，先把所有的钱存

进去再说的想法。由此使家庭经济陷入困难的人，一般都没有
足够的损失意识，这样一来，除了削减支出之外，就没有别的
办法了。

　　过度担心将来的生活也是不对的。在我看来，在现阶段
经济条件允许的范围内谨慎支出才是最好的做法。这方面大家
不需要着急，按照前面图中的例子，试着规划一下将来的资
金吧。

 家庭理财陷阱

　　抱着不使用优惠制度才是一种损失的想法到处投资，
不知不觉间，我们就把方法变成了目的。因此在投资前，
我们要弄清楚投资的目的到底是什么。

APPENDIX

从储蓄投资到虚拟货币，再到股票，损失不断加大

有了个人型确定年金 iDeCo 和储蓄 NISA 就没问题了？

根据日本金融厅发布的数据，在2018年开启的储蓄NISA，其开设的账户数量在2018年年末约为103.7万个，仅一年的时间账户数量就超过了100万，其人气可见一斑。

可是，它们作为储蓄型投资，投资者资产的增长幅度是很小的。实际上，NISA本身的资产余额目前很小，约为947.5亿日元。

不过，很多人因为要为老年生活攒下一亿日元，所以为此而焦虑。而因为这种焦虑，不少人吃了亏。

　　比如，某个47岁的男性公司职员，其工资不多，存款也只有200万，但他意识到自己需要攒一些养老资金和赡养父母的资金，并且觉得这是国家推荐的投资项目无须担心，于是加入了iDeCo和储蓄NISA。

　　然而半年之后他开始烦恼了，因为并没有存下多少钱。这个时候，他对一些可能会让人变成亿万富翁的虚拟货币和股票产生了兴趣。

　　他觉得，通过虚拟货币或者股票，可以让自己赚不少钱。于是他从iDeCo和储蓄NISA里拿出一半的钱，在虚拟货币上投了30万日元，在股票上投了70万日元。

　　可那个时候，虚拟货币泡沫突然开始破灭，价格暴跌。同时，股票价格也开始下跌，就这样他的损失在不断地加大。

　　基于这种状况，这位公司职员不得已将虚拟货币和股票全部抛出，总体算下来，他的存款减少到了160万日元。他来找我咨询时说："事先我并不了解该怎样做更好。"

　　在这里补充说明一下，iDeCo是由自己选择的生活补助制度。加入者每月可以存入一定的资金，并将其自行运用到定期存款、保险、信托投资等金融项目上。到60岁之后可以每年或一次性领取补助金。

储蓄NISA是一种免税制度，目的在于支持投资者进行小额的长期、储蓄、分散投资。其对象商品，通常手续费都比较低，也不会频繁地收取分配金，限定的投资项目适合于长期、储蓄、分散投资的股票型基金和交易所交易基金。

通过博彩来赚钱？

就像前面那个案例一样，在没有虚拟货币和股票的相关知识的前提下盲目投资，结果自然是不好的。

通过iDeCo和储蓄NISA来进行储蓄和投资，产生的影响并不大。但是，虚拟货币和股票之类的商品，风险很高，非常不适合新手去尝试。想通过它们来赚钱可不是一件容易的事。

另外，虚拟货币一类的东西，与经济环境之间并没有什么直接的因果关系，其价格的上涨或下跌是很难预测的，就像在赌博一样。

而与企业业绩息息相关的股票，如果无法准确地分析企业的财务和经营状况，其价格是涨还是跌也是无法预估的。

况且，那位公司职员的工资本身就不高，存款也不是特别多，这样一来就更不能随意出手了。

一些投资商品的推销员可能会对你说："你可以让钱为你工

作，赚取更多的钱。"可即便如此，要是把生活必需的资金全都投出去的话，那么你的生活就会变得很不稳定，这是一种本末倒置的做法。

还有一些人，家庭经济明明已经很困难了，可他们还想要通过投资来改善生活，抱着这种天真的想法，他们的生活只会变得更加拮据。

虽然我已经反复说过多次，但我还是要提醒一下：我们应该先改善家庭条件，等到有多余资金的时候，对投资项目进行认真研究，最后再出手。此外，对于投资一定不要着急，而是要在风险允许的范围内一点一点地慢慢开始。

第四章

改善经济条件的
十二个步骤

STEP 1
首先将支出分为消费、浪费、投资三类

金钱的使用方法，不仅可以根据金额来分类，还可以根据它们的支出意义来分类。

也就是说，可以把它们分为消费、浪费、投资三类。

> ·消费：生活上所必需的支出，这部分支出不会带来收入。
>
> 如饮食费、居住费、水电暖、教育费、服装费、交通费等。
>
> ·浪费：生活上并不需要，仅仅出于娱乐等目的而产

生的无意义的支出。也就是所谓的无用消费。

如烟酒等满足个人嗜好的商品，过度的购物等。

·投资：生活中并非必不可少，对自己的未来有用并可以产生收入的高级支出。

如技能、读书等方面的学习类花费，信托投资，储蓄投资等。

家庭预算三分法

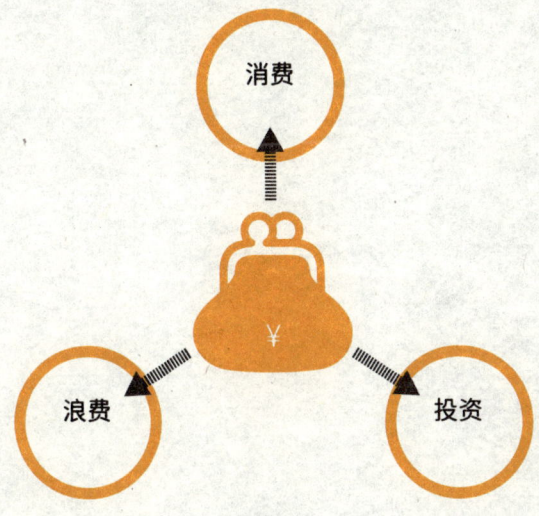

　　由此，对于家庭经济的调整和规划，我们可以随时知晓，我们的钱到底花在了哪里，又花了多少。并且，对于消费、浪费、投资这三类，我们也可以反复分析哪个类别超过了适度的范围。所以，大家务必要尝试这种方法。

　　如果能够每天坚持这种分类方法，我们不仅可以把自己的支出可视化，还能形成一套自己的价值基准。

STEP 2
评估自家的支出方法，然后写在家庭记账本中

　　在掌握了金钱的支出方法，并反复实践过之后，接下来该把注意力放在那些让你觉得没花这钱真好的东西上了。这些东西，基本都属于前面的浪费一类。

　　之前我分别在消费、浪费、投资三个类别里举过一些例子，不过大家在实践的时候，要根据自己的判断和价值基准来分类。比如，针对购买服装，如果有人为了工作而需要购买比较高档的衣服，那么，加上实际购买后在工作上的效果，这种必要的消费其实应该归类到投资里。

　　所以，分类是非常重要的。我们要依据自己的价值基准，

判断哪些支出是必要的，哪些支出是不必要的，这种程度的金钱观念和判断能力，我们一定要具备。

同时，我们也要养成一个在家庭记账本上记录的好习惯。

如果可以，我希望大家每天都能把这方面的情况用笔记下来。有很多家庭记账本App，大家也可以尝试使用一下。以一周或一个月为单位，不要忘记这项工作。

日本流行的记账App

Money Forward

以公司职员为中心，男性用户居多。家庭成员之间可以共享同一个家庭记账本，其功能有：通过扫描收据可以自动登录，FX，虚拟货币等，可提供的服务非常多。

Zaim

这款 App深受一些喜欢用现金结算的用户的喜爱。其功能有：精准识别用手机拍摄的收据照片；持续记账的话可以帮助分析你的经济状况。

Moneytree

这个 App里包含金融机关和积分卡供应商合作提供的服务，如自动记录，现金出纳管理等。其设计简单流畅，而且免费试用的功能也很多，对很多人来说都是一款合适的家庭记账本 App。

STEP 3
储蓄投资额应该占手头收入的六分之一

　　在养成记录家庭经济状况的习惯之后，接下来我们就要着手增加存款了。我个人认为，储蓄也属于投资，而目标投资额应该占手头收入的六分之一。假如说一个人的收入是30万日元，那么他储蓄的额度就应该是5万日元。

　　实际上，我们看一眼自己的家庭记账本就可以知道，从每个月的收支里挤出5万日元是非常困难的。对于那些在教育和赡养老人等方面支出较多的人来说，这个比例肯定是要减少的。不过，凡事都得定一个目标，没有目标，就肯定不会达到理想状态。

那么，距离5万日元的目标还差多少呢？关于这一点，只要看看家庭经济哪些地方还不够合理就可以猜出。不管怎样，首先要牢牢把握自己家里的经济状况，并以收入的六分之一为目标，只有这样才能尽可能地使家庭经济健全化。

理想的家庭经济开支占比表

家庭支出项目	理想的占比	理想的金额
居住费	24%	￥72,000
饮食费（含在外用餐）	15%	￥45,000
水电暖	7%	￥21,000
通信费	3.5%	￥10,500
人寿保险费	7%	￥21,000
生活日用品	2%	￥6,000
机动车相关费用	0%	￥0
医疗费	1%	￥3,000
教育费	3%	￥9,000
交通费	1%	￥3,000
购买服装的费用	2%	￥6,000
交际费	1%	￥3,000

（续表）

家庭支出项目	理想的占比	理想的金额
娱乐费	1.5%	￥4,500
零用钱（两个人）	10%	￥30,000
嗜好品（烟酒等）	1%	￥3,000
其他	4%	￥12,000
储蓄	17%	￥51,000
支出总计	100%	￥300,000

*理想占比：以三个人的家庭，孩子上小学低年级为例。

这样一来储蓄额就达到家庭收入的六分之一了，所以大家一定要检查一下家庭经济的不合理之处。

STEP 4

减少支出时，先从固定费开始

固定费主要包含房租、人寿保险费、报刊费等费用。在减少支出方面，效果最明显的还是固定费。

顺带说一句，饮食费、医疗费、水电暖等费用，因为每个月的支出额不同，所以它们都属于变化费。

而固定费每月的费用都是保持不变的，因而当固定费被削减时，总支出肯定会明显减少。近来，与智能手机、网络供应商相关的固定费定额计划越来越多，因而培养这方面的意识或许很有必要。

尤其是智能手机，相比更换手机，我建议最好选用一些价格较低的SIM卡和套餐。

有些人这方面的花费的确可以达到每月8,000日元，但也可以被削减到每月3,000日元。那些电话很多或通话时间很长的人花费就比较多，可以认真考虑一下如何缩减这方面的开支。

如果可以的话，大家可以尝试一下，自己是否可以在这方面省出5,000日元。

这样一来，一年可以节约出6万日元，这难道不是个很可观的数字吗？

通过低价SIM卡和廉价手机来削减通信费

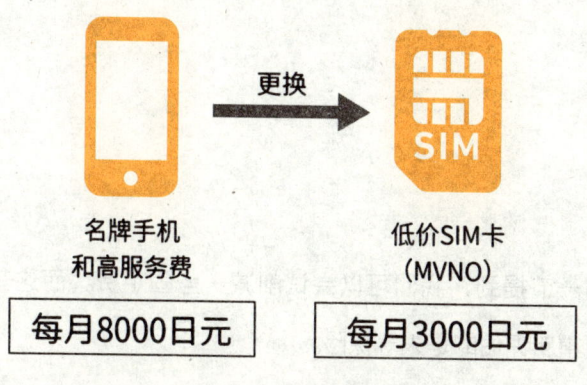

更换

名牌手机
和高服务费

低价SIM卡
（MVNO）

每月8000日元

每月3000日元

一台手机就可以削减5000日元

※有时变更业务会被收取一定的违约金，但即便如此
更换SIM卡业务还是最理想的方法

STEP 5
只买最需要的保险

前一节提到，我们可以尝试削减一些固定费。而这其中，最需要重新评估的是人寿保险。

虽然很多保险项目都叫人寿保险，但它包含三个种类，分别是死亡型、医疗型和储蓄型。

我在第二章就提到过，储蓄型人寿保险经常会使家庭经济状况变得窘迫。而如果我们只保留必要保障的最低值，并将其余的资金投入更理想的投资项目里，这样不是更有效率吗？

有亲人去世的家庭很多都加入了死亡保险，可有些孩子还比较幼小的家庭并没有加入，而且很多家庭里的孩子已经独立，死亡保险已然用处不大了。

　　而且，在日本还有高额疗养费制度，当自己的储蓄积攒到一定程度时，看似保障十分优厚的医疗保险也变得不太必要了，这一点是值得大家考虑的。

这种保险真的有必要吗?

☑ 健康保险的高额疗养费制度

一个月内（从1号到月末）所支出的医疗费，其中的自行支出额如果超过了一定的基准额，超出的部分将会被返还。

【未满70岁的人】

> 如果选用了这个制度，则一个月内的自行支出额：

- 标准报酬月额在28万日元~50万日元时，80,100日元＋（总医疗费－267000日元）×1%

- 标准报酬月额在26万日元以下时，57600日元

※标准报酬月额在83万日元以上时，25万2600日元＋（总医疗费－842000日元）×1%

※标准报酬月额在53万日元~79万日元时，16万7400日元＋（总医疗费－558000日元）×1%

※居民税免税的话，35400日元

☑ 加入公共养老金的话，就会有遗属养老金和伤残养老金

☑ 公司职员还有伤病津贴

一定要把人寿保险和公共保障制度
放在一起来考虑

STEP 6

居住费要控制在收入的四分之一

有人说过，居住费在收入中所占的最理想比例，应该是三分之一。

不过，对那些来向我咨询的人，我一般都会劝他们把居住费控制在收入的四分之一。假如一个家庭的收入是35万日元，那么居住费就应该是8.5万日元。如果你有房贷的话，在制订还款计划时要基于这一点。

那些已经有了贷款的人可以考虑再融资，而租房的人可以考虑一下重新安置。

房贷的问题，大家要本着长期、速还的原则。当自己的储蓄不足时，房贷要尽量选择还款期较长的贷款，这样可以减少每个月的还款额。而当自己的储蓄足够时，就要选择还款期短的，以尽快完成还款，这方面大家要注意。

还款期缩短型提前还款的构成

还款期缩短

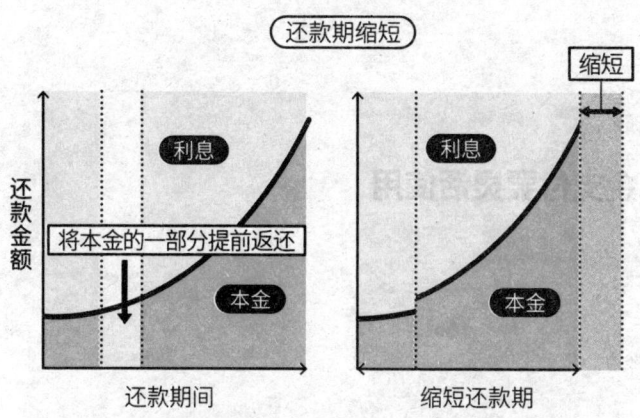

利息也随着还款期缩短而减少

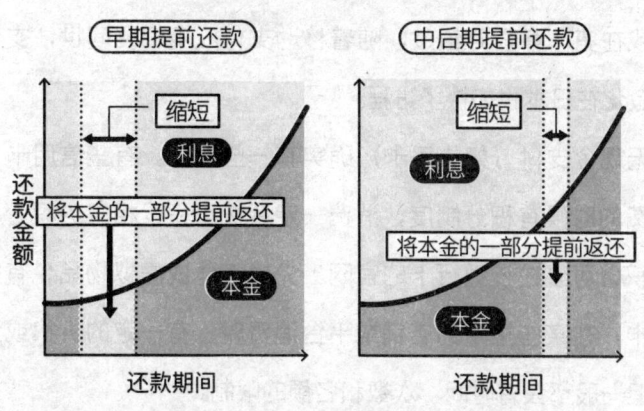

同样的额度，越是早期提前偿还，
越能更多地缩短还款时间

STEP 7

非现金支付要灵活使用

我在第一章里介绍过，随着移动支付应用相继问世，支付无现金化在日本也加快了进程。

无现金支付（如信用卡）确实有一些优点。有些信用卡，在消费的时候有积分制度，消费一定金额可积累相应的积分，这些积分可以在该银行卡的官网上兑换实体或虚拟物品；有些信用卡，在某些指定的店铺或平台消费时，有一定的折扣或满减，但一般都会有时间、次数和名额的限制。

人们在进行无现金支付的时候，花钱的感觉与现金支付时似乎并不相同，所以当我们习惯这种支付方式的时候，在家庭经济管理时我们也要把这方面考虑进去。

如果你还不习惯无现金支付，那我推荐你在结算时使用，可以通过银行账户充值的借记卡，或者可以兑换成现金的预付卡。并且我希望大家可以活用我在前文里提到的家庭记账本，以此来谨慎使用无现金支付。

有利于资金管理的卡

它可以让您随时从银行账户里提取您所需要的金额，使用时会有一种花现金的感觉。当然，它也不需要您在ATM提取现金，且没有手续费

推荐卡种

乐天银行VISA借记卡

每次使用一次会得到一定的乐天积分，所以它很适合经常使用乐天市场的人。并且我们可在便利店使用的Visa触摸付款，因而也很方便

预付卡

这种卡可以进行兑换。其使用上限额度时由自己决定的，每个月对其认真管理的话，就很容易实现对家庭经济的控制

推荐卡种

LINE Pay卡

LINE推出的可以支持JCB（吉士美卡、日财卡）的卡种。您可以在支持JCB的商店和网店里使用。其积分的返还率高达2%

※2019年3月的信息。

STEP 8

投资时要具备三个口袋

在积攒了足以改善家庭条件的资金之后,接下来我们就可以利用一部分金钱去增加自己的收入了。说白了就是去投资。而在真正开始投资之前,我们首先要具备三个口袋。

• 支出口袋:这里面是每月的固定支出,以及应对突发状况的资金,简单来说就是生活费。我建议大家在这方面要保留一个半月的收入。

• 储蓄口袋:这里面装的是可以应对意外状况(诸如投资失败、疾病感染、失业等)的生活保障资金。至于其金额，我建议大家至少要拿出半年的工资用在此方面。这样一来，你就足以应对任何一种意外情况了。

· 增收口袋：这里面是可以灵活利用，但不会影响到现有生活的多余资金。投资就要从这个口袋里支出。

投资时要具备三个口袋
在投资之前大家最好能攒下七个半月的收入

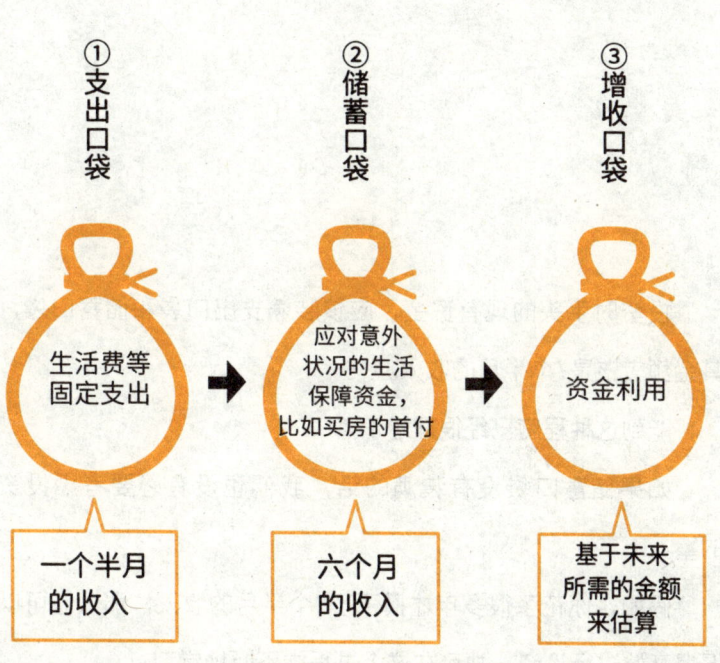

① 支出口袋

② 储蓄口袋

③ 增收口袋

生活费等固定支出

应对意外状况的生活保障资金，比如买房的首付

资金利用

一个半月的收入

六个月的收入

基于未来所需的金额来估算

STEP 9

投资还是要找信托投资

投资时手头的现有资金，应该装满支出口袋和储蓄口袋，其金额应该是7个半月的收入。

能到这种程度已经很理想了。

如果储蓄口袋没有装满的话，我们也没有必要考虑投资的事。

假如，你花了很多年才攒下了7个半月的收入，那么你可以慢慢开始进行投资，并且在这个过程中不断地学习。

储蓄型信托投资最低可以投资100日元。

比如，在除去每月的固定开支后，每月可以余出5,000日元，那么，这部分金钱就可以当作投资资金来运用。

另外，投资时对时间的考量也很重要。因为要考虑自己的养老生活，所以大家要在有限的时间里灵活运用。

投资和储蓄同时进行

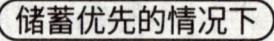

储蓄优先的情况下

虽然比较稳定，但投资的时间较短

投资和储蓄同时进行情况下

同时进行的话就可以对时间进行有效利用

STEP **10**

投资要慢慢进行

　　针对那些刚开始投资的人，我推荐储蓄型NISA。

　　简单说来，一年间的投资金额在40万日元以内的话，其盈利的部分是不收税的。

　　举例来说，如果你在今年一年内投资了40万日元，然后未来的某个时候你拥有150万日元。

　　那么你的盈利就是110万日元。通常来说，这部分是要有20%的税收的。但是，利用储蓄型NISA账户的话，你就不用交税了。

　　前面我提到，阶段性投资对时间的要求是很重要的。
网络证券允许投资者进行小额投资，所以大家可以灵活利
用这种优惠制度，先拿出赔了也不心疼的少量资金开始进行
投资。

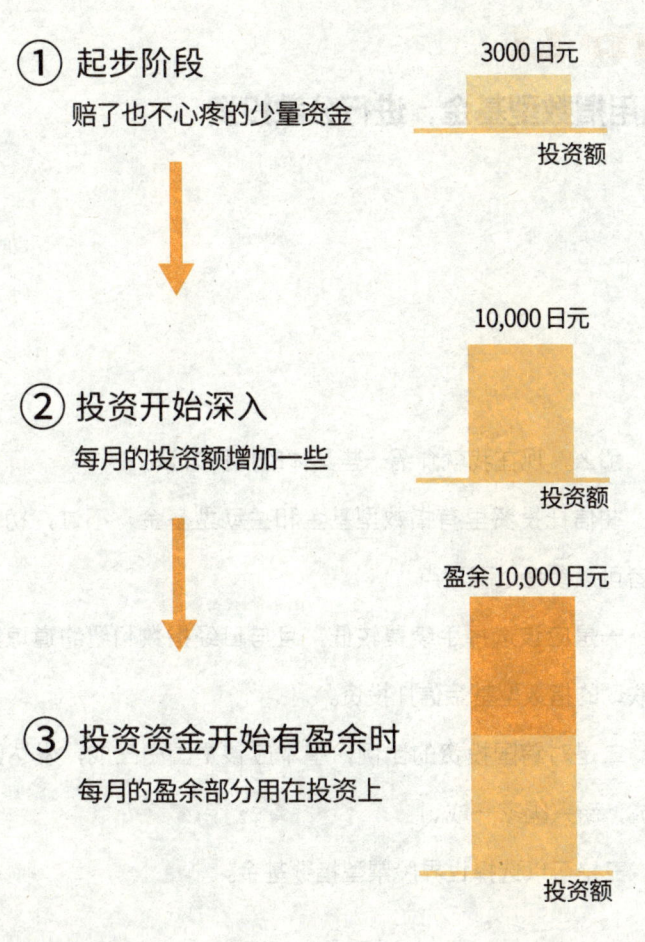

STEP 11

运用指数型基金，进行分散投资

　　那么，现在我就介绍一些具体的投资方法。

　　在信托投资里有指数型基金和主动型基金，不过，初次投资者可以参考以下三点。

　　一是应该选择手续费较低，且与日经指数和纽约道琼斯指数联动的指数型基金信托投资。

　　二是对跨国投资的比例，基本应该是国内三成，发达国家六成，新兴国家一成。

　　三是可以选择世界股票型指数基金。

　　这里提到的世界股票型指数基金，其实是第二点中的商品的一种。而且，进行分散投资的话，因为只需要选取个别项目，所以比较省时省力。不过，当你需要钱而想要解约时，如果市场恶化，损失是不可避免的，因而有一定的风险。

横山的投资方法示例

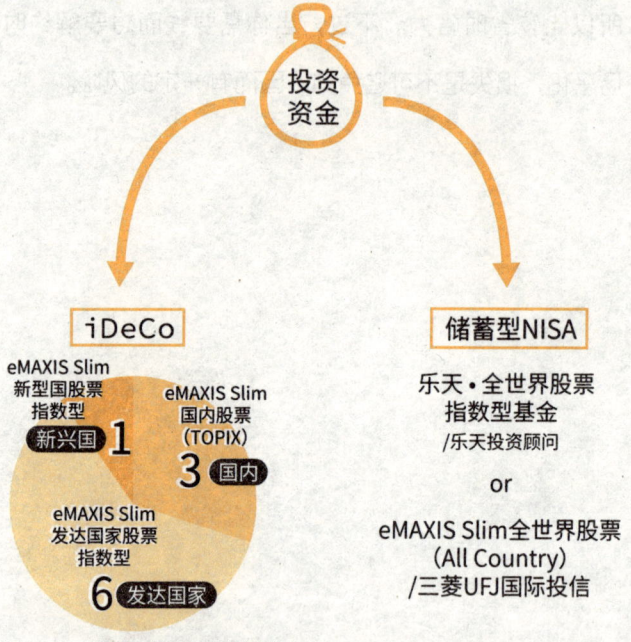

投资资金

iDeCo

eMAXIS Slim
新型国股票
指数型
新兴国 **1**

eMAXIS Slim
国内股票
（TOPIX）
3 国内

eMAXIS Slim
发达国家股票
指数型
6 发达国家

※ eMAXIS Slim是三菱UFJ国际投信的商品

国内　发达国家　新兴国
3 : 6 : 1

储蓄型NISA

乐天·全世界股票
指数型基金
/乐天投资顾问

or

eMAXIS Slim全世界股票
（All Country）
/三菱UFJ国际投信

注 这是我自己的例子，对投资界新手来说可能比较难以理解。因而这些仅供经常投资，已经对投资有所了解的人进行参考。

STEP 12

投资时不要搞错了咨询对象

投资的时候，到底该找谁进行咨询，是个很重要的问题。

正如我之前所介绍的，金融机关和资金运用公司的营业员一直是优先考虑自己的利益而非顾客的利益，并总会向客户推销各种收取手续费的商品。

所以，我们不能向他们咨询。

那么，理财规划师如何呢？

理财规划师中也有不少推销商品的人。虽然他们并非在任何时候都会这样做，但当他们所提示的商品缺乏多样性的选择时，你就要注意了。他们有时会和金融商品公司合作，赚取手续费。

　　近来，利用AI（人工智能）向人们提供资产运用建议的智能顾问服务不断增多，大家要注意这一点。

　　人们总会认为AI是万能的，但我们不知道其内部包含了哪些商品。自己收集相关情报，积累相关知识，这样才能避免上当受骗。

　　然后，我还想强调一下投资的握力。

　　这是一个衡量人们把握投资程度的词汇。刚刚开始投资时，给人的感觉是：金额少了就没什么投资意义。

　　不过，投资是一项长期坚持才能出成果的工作。所以我希望大家能具备这种长期坚持下去的意志。

　　另外，随着投资的持续和经济实力的增强，我们会渐渐地了解金钱的价值，随之，也会看到自己家庭经济的不足之处。如果你能达到这种程度，你也就无须担心自己的家庭生活，金钱自然会增加。

投资和储蓄的良性循环

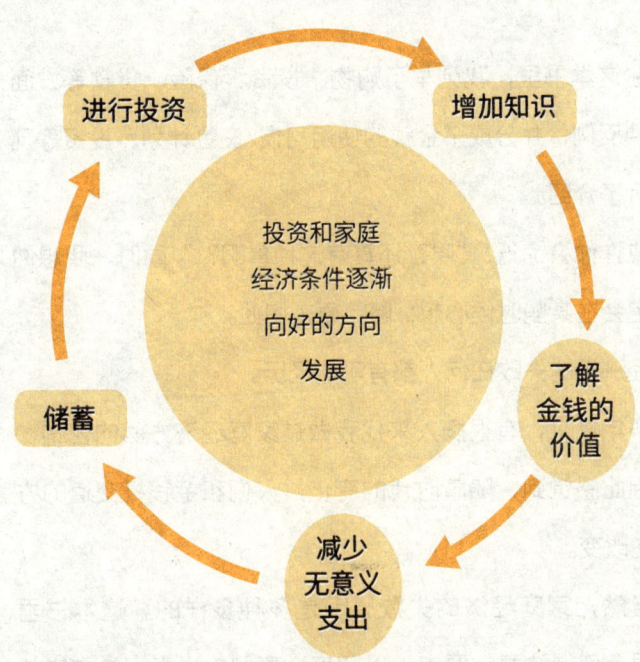

在了解了各种经济管理失败的事例之后，大家有何感想呢？

在这本书里，我列举了购物、投资、保险、贷款等方面的各种反例，并分成了金钱的使用习惯、资金计划、投资等几类进行了介绍。

或许你会惊讶："唉？还真有这种事啊？"同时，我想你也一定会在某些时候心想：噢，原来如此。

经济上的失败任何人都有可能经历。

多年以来，有很多人来找我做过家庭经济方面的咨询，我也因此感觉到，随着时代的变化，人们和金钱打交道的方式也在改变。

当然，家庭经济的失败原因是多种多样的。这本书里写了很多值得注意的要点，以及每个事例中当事人失败的关键，但我在这里提到的只是一些最近比较值得我关注的，而现实生活中的反例远不止书中这些。

首先，在金钱的使用习惯上，大家一定要留意手机支付。

就像前面我介绍的那样，无须现金，购物时使用手机支付，可以获得大量的积分，还可能得到返现。可人们也正是出于这种意识，经常在一段时间内无计划地疯狂进行无现金支付，这样的做法绝不可取。

无法把握支付的程度而过量支付，最后连一些简单支出都无法处理的人，近年来在逐渐增多，我对这种现状深感不安。与我有同感的人要注意，从现在开始，一定要审视一下自己的金钱支出方式。

其次，在与金钱规划相关的资金计划章节里，我提到了很多为了占一些便宜而吃大亏的人。

其中有一个事例是：某个人为了享受房贷扣除而动用了首付款。

在房贷扣除10年的有效期里，先利用自己的首付，等到

10年后资金增加了，再一口气把房贷还清。

基于这样的考虑，我们也不难想到，到后来他的支出逐渐增多，最后损失了大量资金。而这就是因房贷扣除而吃亏的典型例子。

优先考虑某个制度的优点，然后想也不想就按照别人说的那样去做，这是人们吃亏的一个主要原因。

所以，在制订与大额资金相关的资金计划时，大家一定要记住：无知最可怕。

再次，对于投资，人们对其极端的看法是导致失败的原因之一。在投资刚开始的时候大家要知道，投资肯定不是简单的事，而且投资不是赌博，大家也不要有投资必吃亏这种先入为主的观念。

在投资时，我们先要保证自己有多余的资金，然后从小额投资开始，寻找一个可以让自己安心的环境，用心地经营。

这样的话，你的认真必然会成为你强有力的帮手。

　　能将此书出版，让更多的人接触一些家庭经济失败的例子，帮助他们防患于未然的话，我非常欣慰。

　　人们与金钱打交道的方式，正随着时间的推移而不断发生变化，不过我还是希望针对家庭经济这一主题，思考并亲身实践实际生活中人们正确的处理方式，然后将我的心得传达给大家。

　　最后，这本书的完成要归功于在各方面做出努力的编辑，包括朝日出版的财津胜幸先生。感谢为了本书的出版而贡献力量的全体同仁，以及在博客回应本书封面征求意见的读者。在大家的共同努力下，这本书最终得以出版。

　　非常感谢大家的支持。

横山光昭